Byw fel
Goleuni

Esboniad yr Ysgol Sul i oedolion

Blwyddyn C

Alun Tudur

CYHOEDDIADAU'R
GAIR

Gyda'n Gilydd: Blwyddyn C

Testun Cymraeg: Alun Tudur

Golygydd Cyffredinol: Aled Davies
Clawr: Elgan Davies

ISBN 1 85994 200 8
Argraffwyd yng Nghymru.

Dymuna'r cyhoeddwyr gydnabod cymorth Adrannau Cyngor Llyfrau Cymru.

Cyhoeddwyd gan:
Cyhoeddiadau'r Gair, Cyngor Ysgolion Sul Cymru,
Ysgol Addysg, Prifysgol Cymru, Safle'r Normal,
Bangor, Gwynedd. LL57 2PX.

Cynnwys

BYRFODDAU

Ad. – Adnod
BCN – Y Beibl Cymraeg Newydd
BYE – Beibl yr Esgobion (Yr hen gyfieithiad)
Gw. – Gweler

RHAGYMADRODD

Cychwynnaf trwy ddiolch i'r Cyngor Ysgolion Sul am y cyfle i ysgrifennu'r esboniad hwn ac i'r Parchg. Aled Davies am ei gydweithrediad parod. Yn sicr fe fu'r profiad o baratoi y gyfrol hon o fudd mawr i mi yn bersonol ac ysbrydol wrth gael cyfle i gnoi cil dros rannau helaeth o'r ysgrythur a chael fy herio gan y gair. Hoffwn ddiolch i'm priod Vikki am ei hamynedd a'i chefnogaeth mawr ac i'r plant am gadw allan o'r stydi dros fisoedd lawer. Diolch hefyd i aelodau Ebeneser, Caerdydd, am eu graslonrwydd wrth i mi am gyfnod esgeuluso rhai dyletswyddau. Gobeithiaf y bydd y gwaith hwn o ddefnydd i athrawon ysgolion Sul yn ogystal â'r rhai hynny sy'n mynychu dosbarth o Sul i Sul. Fy mwriad wrth ysgrifennu'r gyfrol oedd clodfori ein Harglwydd Iesu a chynorthwyo yn y gwaith o astudio gair Duw. Yn ei gyfrol "Argoelion" y mae gan y diweddar T. Glyn Thomas, gweinidog mawr ei barch, pregethwr grymus ac effeithiol ac un o'm rhagflaenwyr yn Ebeneser, Wrecsam, yr hanes canlynol:

"Heb fod ymhell o'r pentref lle magwyd fi, fe drigai hen ffermwr duwiol a adweinid gan bawb o drigolion y fro fel "Jones y Dyffryn". Un o ffyddloniaid yr Achos Mawr mewn capel bach oedd Jones. Mewn plasty gerllaw i fferm y Dyffryn yr oedd yn byw un o'r bobl a gyfrifid yn y dyddiau hynny ymhlith y "byddigions" – y math o bobl y dysgid plant ysgol i gyffwrdd pig eu capiau iddyn nhw wrth eu pasio ar y ffordd. Yr oedd ef, ar ei air a'i dystiolaeth ei hun, yn anffyddiwr. Ac un o'i hoff bleserau oedd pryfocio hen ŵr y Dyffryn ynghylch ei ffydd. Y Beibl oedd y mater dan sylw ryw fore. "Ddim byd ond papur-newydd yr Iddew, Jones bach," sylwai'r anghredadun.

"Rhywbeth tebyg i'r Western Mail?" meddai'r hen ŵr.

"Dyna fe'n union," oedd yr ateb.

"Dywedwch i mi," meddai'r hen bererin eto, "fyddwch chi'n darllen Western Mail ddo' heddi?"

"Na fydda, wrth gwrs. Ma hwnnw allan o ddêt heddi. Un arall wedi dod heddi â newyddion diweddarach."

"Wel, wel!" sylwodd yr hen ŵr, "a dyw'r Beibl ddim ond fel y

Western Mail. A dyma finne wedi bod yn darllen cyfran ohono bob bore am dros hanner canrif, a mae e'n newydd bob dydd."
Gweddïaf y bydd yr esboniad syml hwn yn gymorth i chwi wrth astudio'r gair fel eich bod yn gweld pa mor berthnasol a chyfoes yw gair Duw ar gyfer bywyd modern o ddydd i ddydd. Gair byw a grymus yw'r Beibl sydd yn siarad nawr. Y mae'n *"llymach na'r un cleddyf daufiniog, yn treiddio hyd at wahaniad yr enaid a'r ysbryd, y cymalau a'r mêr."* (Heb. 4:12)

Yng ngerddi Coleg Bala Bangor y mae hylltod o goed. Yr oedd llawer o fechgyn ysgolion Sant Paul a Friars yn cenfigennu wrthyf yn enwedig yn ystod yr Hydref – cyfnod y concyrs – gan fod yn eu plith saith coeden castenwydden. Un blwyddyn bu rhaid tocio'r coed yn go egr a thorri rhai ohonynt i lawr ac am flynyddoedd yr oedd gennym ddigonedd o goed tân. Cofiaf un diwrnod fynd ati gyda bwyell i dorri boncyff praff. Codais y fwyell yn ôl tros fy ysgwydd gan fwrw'r pren gyda'm holl egni. Gwaetha'r modd nid oedd min o gwbl ar lafn y fwyell a bowndiodd yn ôl nes yr oeddwn i gan rym yr ergyd yn dirgrynnu am gryn chwarter awr. Wrth gofio am y digwyddiad daw geiriau Llyfr y Pregethwr i'm cof, *"Os yw bwyell yn ddi-fin, a heb ei hogi, yna rhaid defnyddio mwy o nerth."* (Preg. 10:10) Os yw llafn yn finiog y mae'r gwaith yn rhwydd ac yn cael ei gyflawni'n effeithiol. Y mae'r un peth yn wir am y bywyd Cristnogol. Os ydym am fyw fel Cristnogion mewn byd anghrediniol ac os yw tystiolaeth ein heglwysi am fod yn effeithiol mae'n rhaid hogi ein ffydd er mwyn meithrin awch. Yr unig ffordd i hogi ffydd yw trwy ddarllen y Beibl a gweddïo. Os yw min ffydd yn pylu, aneffeithiol fydd ein gwaith a'n tystiolaeth. Ond tra bydd yna ffyddloniaid yn gwneud y ddeubeth yn ein heglwysi fe fydd y dystiolaeth Gristnogol yn fyw ac yn iach yng Nghymru.
Cyflwynaf y gyfrol hon i'r plant Harri Gwilym a Lowri Rhiannon gan weddïo y bydd gair Duw yn llewyrch i'w llwybrau wrth iddynt droedio taith bywyd.

Alun Tudur

Medi 5ed.

MEDI **HANES ABRAHAM**

Gwers 1 **GALW ABRAHAM**

(Genesis 12:1-9)

Y CEFNDIR.

Ystyr yr enw Hebraeg Abram yw "tad dyrchafedig," ac ystyr Abraham yw "tad llawer", neu "tad lluoedd." Gwelir hanes newid ei enw yn Gen. 17:5. Ef oedd mab ieuengaf Tera, a'r degfed o Noa yn llinach Sem. Yr oedd ganddo ddau frawd sef Nachor a Haran. Ganed Abram yn Ur y Caldeaid i'r Dwyrain o afon Ewffrates pan oedd ei dad ond 130 oed. Symudodd y teulu cyfan i fyw i Haran am gyfnod. Yn dilyn marwolaeth ei dad Tera, ymddangosodd Duw am y tro cyntaf iddo gan alw arno i ymadael i wlad arall. (Gen. 12:1) Aeth Abram a'i wraig Sarai a'i nai Lot i wlad Canaan. Yr oedd hon yn daith llawn peryglon dros fynyddoedd a thrwy anialwch, ond gorchfygodd eu ffydd pob anhawster nes iddynt gyrraedd yno. Yn dilyn hynny cawn beth o hanes troeon yr yrfa yn ei berthynas gyda Duw, gyda'i deulu a'i gymdogion. Gydag ef y mae hanes cenedl Israel yn cychwyn, ac yr oedd yn ran pwysig yng nghynllun Duw i ddod a Gwaredwr i'r byd. Cofnodir ei fywyd yn Genesis 11:26 - 25:10 a cheir talfyriad yn Actau 7:2-8 ac er mwyn cael syniad clir o rediad ei fywyd mae'n werth darllen yr adran yn Genesis ar ei hyd. Ystyrir ei fywyd gan Iddewon a Christnogion fel enghraifft ragorol o rywun a ffydd gadarn yn Nuw. (Gw. Heb. 11:8-12) Onid yw'n rhyfeddod ein bod yn parhau i ddarllen a gwerthfawrogi hanes gŵr a fu'n byw dros dair mil o flynyddoedd yn ôl?

GALWAD ABRAM (GEN. 12:1-3)

Yn yr adnodau hyn gwelwn Dduw yn gofyn i Abram adael ei wlad a'i deulu estynedig a mynd i wlad arall y byddai Duw yn ei arwain iddi. Ynghlwm wrth yr alwad yr oedd addewid gan Dduw y byddai yn ei fendithio ef a'i dylwyth yn helaeth yn y dyfodol. Rhaid cofio bod dynoliaeth yn y cyfnod hwn yn cofleidio amldduwiaeth a llawer o'r duwiau hyn yn gysylltiedig gyda byd natur, yr haul, y lloer a'r planedau. Yn Ur yr oedd llawer o demlau i'r duwiau a'r prif dduw oedd Sin sef duw'r lloer. Ond galwyd Abram i addoli un Duw, yr unig wir a bywiol Dduw, ac yr oedd hwn yn ddatblygiad pwysig gan ei fod yn tanseilio'n llwyr yr aml-dduwiaeth boblogaidd gan hyrwyddo un-dduwiaeth. Yr oedd Duw yn ei alw gan ddweud y byddai trwyddo yn codi cymdeithas o bobl fyddai'n ffyddlon i Dduw, yn dystion iddo yn y byd ac yn gyfrwng yn y pen-draw i achub dynolryw. Trwy ei linach y mae gennym Waredwr, Beibl, iachawdwriaeth ac efengyl. Hwy oedd y gwreiddyn lle yr impiwyd yr eglwys. (Gw. Act. 7:1-53) Yr hyn a gawn yng ngweddill yr Hen Destament yw hanes y gymdeithas hon, sef cenedl Israel, ac yna yn y Testament Newydd hanes yr Israel Newydd sef yr Eglwys Gristnogol.

Wrth fyw y bywyd Cristnogol y mae Duw yn ein galw ninnau hefyd, pawb ohonom, i'w wasanaethu. Ambell dro y mae'n galw yn gwbl benodol ar unigolion i weithio mewn gwlad arbennig neu o fewn i faes arbenigol. Ond yr hyn sy'n allweddol i'w gofio yw fod Duw yn "galw" pob Cristion i'w waith. Bydd meddygon yn aml pan ar ymweliad â chleifion yn gadael nodyn yn eu ceir - yn enwedig pan ar linellau melyn dwbl - gyda'r geiriau, "Meddyg - Ar Alwad." Nodyn addas i'r Cristion ei gario fyddai, "Ar Alwad - Y Meddyg (Mawr)". A ydym ni yn ymdeimlo â galwad Duw yn ein bywyd? Canwn yn aml o'i hochor hi y geiriau, "Arglwydd, dyma fi, Ar dy alwad Di," ond sut yr ydym ni yn ymateb yn ymarferol i'r alwad honno?

UFUDD-DOD

Elfen arall a welir yng ngalwad Abram yw fod Duw yn gofyn am ufudd-dod ganddo. Meddai Duw, *"Dos allan o'th wlad...i'r wlad a ddangosaf i ti"*. Ymatebodd ef yn gadarnhaol i gais Duw ac fe aeth gyda'i *deulu "allan heb wybod i ble'r oedd yn mynd."* (Heb. 11:8) Y mae'r alwad i ddilyn Duw bob amser yn gofyn am newid, am gefnu ar yr hen a chofleidio'r newydd. Dyma welir yn hanes galwad Moses (Gen. 3 a 4), pan y dywedodd Duw wrtho, *"Tyrd, yr wyf yn dy anfon at Pharo er mwyn iti arwain meibion Israel allan o'r Aifft."* (Exo. 3:10). Yr un modd yng ngalwad Eseia,

(Ese. 6: 1-10), galwad y disgyblion (Math. 4:18-22) ac wrth gwrs galwad Paul (Act. 9:1-19). Nid gofyn wnaeth Duw i Abram newid rhyw ychydig bach hwnt ac yma ar ei fywyd, ond gofyn am newid llwyr. Gadael un math o fywyd a dechrau ar un newydd. Cychwyn y bywyd Cristnogol yw edifarhau am ein pechodau a chredu yn Iesu fel Gwaredwr. Fe olyga hyn newid llwyr. Dyma pam fod y Tetament Newydd yn cyffelybu'r profiad i ail-enedigaeth, i fywyd newydd, i greadigaeth newydd. Digwydd hyn i rai dros gyfnod hir o amser fel yn hanes Thomas Jones o Ddinbych. Fe ddigwydd i eraill mewn cyfnod byr fel yn hanes Williams Williams, Pantycelyn, wrth wrando ar Hywel Harris ym mynwent Eglwys Talgarth. Ysgifennodd am y profiad yn ddiweddarach;

"Dyma'r boreu, fyth mi gofiaf,
Clywais innau lais y nef;
Daliwyd fi wrth wŷs oddi uchod
Gan ei sŵn dychrynllyd ef."

Y mae'r gair Cymraeg tröedigaeth yn addas iawn gan ei fod yn disgrifio person yn cerdded i un cyfeiriad arbennig ac yna yn troi ar ei sawdl gan gerdded i'r cyfeiriad arall. Y mae hwn yn arwydd clir ein bod yn ufuddhau i alwad Duw.

FFYDD.

Wrth ymateb yn gadarnhaol i alwad Duw dangosodd Abram ei ffydd a'i ymddiriedaeth lwyr ynddo. Dethlir ei ffydd yn y Llythyr at yr Hebreaid lle y dywedir, *"Trwy ffydd yr ufuddhaodd Abraham i'r alwad i fynd allan i'r lle yr oedd i'w dderbyn yn etifeddiaeth."* (Heb. 11: 8) Credai bod Duw yn goruwchlywodraethu dros ei fywyd. Dros y canrifoedd y mae ymddygiad Abraham wedi bod yn ysbrydoliaeth ac yn esiampl o ffydd i filoedd o Iddewon a Christnogion. Ond beth yw ffydd? Ceir arweiniad clir yn yr unfed-bennod-ar-ddeg o'r Llythyr at yr Hebreaid lle y dywedir, *"y mae ffydd yn warant o bethau y gobeithir amdanynt, ac yn sicrwydd o bethau na ellir eu gweld."* Y mae ffydd yn golygu ymddiried yn Nuw a'i addewidion, neu fel y dywedodd Christmas Evans (1766-

1838), "Credu gwirionedd Duw am bethau anweledig, hyderu yng ngallu a ffyddlondeb Duw i'w cyflawni, yw hanfod ffydd achubol." Cofiaf ddarllen tract yn ymwneud â ffydd, a hynny yn Ffair y Borth, o bob man. Ynddi cyfeiriwyd at ddyn o'r enw Blondin oedd ar fin cerdded ar raff dros raeadr Niagra gan wthio berfa ac yntau'n gwisgo mwgwd dros ei lygaid. Gofynnwyd i rai o'r gwylwyr oedd yn sefyll ger llaw a gredent y byddai'n llwyddiannus? Atebasant hwythau y byddai. Yna gofynnwyd i un o'r dorf i eistedd yn y ferfa er mwyn cael ei bowlio dros y rhaeadr, ond gwrthododd. Roeddent i gyd yn credu y byddai'n cerdded drosodd ond ni feddai yr un ohonynt ddigon o ffydd i eistedd yn y ferfa. Y mae gwahaniaeth mawr rhwng credu a meddu ar ffydd. Ffydd fyddai ymddiried ac eistedd yn y ferfa. Y mae Duw nid yn unig yn gofyn ar inni gredu ynddo ond hefyd ar i ni ymddiried mewn ffydd ynddo. Fel yr oedd ffydd yn hanfodol i Abraham, felly y mae ffydd yn gwbl allweddol i'r Cristion, oherwydd trwy ffydd y'i cyfiawnheir ger bron Duw (Rhuf. 1:17; Gal 2:16; 3:1-14; Eff. 2:8); trwy ffydd y mae i fyw yn ddyddiol (2 Cor. 5;7); trwy ffydd y mae'n derbyn yr Ysbryd Glân (Gal. 3:14) a llu o fendithion di-rifedi.

Testun Trafod

1. A ydym ni yn ymdeimlo a galwad Duw yn ein bywyd?

2. Sut yr ydym ni yn ymateb yn ymarferol i alwad Duw?

3. Oni allwn ni blesio Duw yn ddigonol gyda'n gweithredoedd da fel ei fod yn barod i'n derbyn heb ffydd?

Medi 12ed.

Gwers 2 Y CYFAMOD
(Genesis 15:1-18; 17: 1-26)

Er bod llawer o nodweddion pwysig yn perthyn i Abraham, y digwyddiad pwysicaf heb os yn ei hanes oedd Duw yn sefydlu'r cyfamod gydag ef. Dyma pam yn bennaf y dewisodd Duw ef er mwyn iddo fod yn gyfrwng bendith i'r byd. Ynghlwm wrth ei alwad yn y ddeuddegfed bennod - fel y crybwyllwyd - y mae addewid gan Dduw y byddai'n bendithio disgynyddion Abraham, a chadarnheir hyn dro ar ôl tro yn yr hanes. Cofnodir sefydlu'r cyfamod yn "swyddogol" yn y geiriau canlynol, *"Y dydd hwnnw, gwnaeth yr Arglwydd gyfamod ag Abram a dweud: "I'th ddisgynyddion di y rhoddaf y wlad hon, o afon yr Aifft hyd yr afon fawr, Afon Ewffrates."* (Gen. 15:18) Ategir y cyfamod yn yr ail bennod ar bymtheg, pryd rhoddwyd enwaediad fel arwydd gweledig o'r cyfamod rhwng Duw a'i bobl. *"Enwaedir chwi ar gnawd eich blaengrwyn, a bydd yn arwydd cyfamod rhyngom."* (Gen. 17:11)

Y mae'r gair cyfamod yn un pwysig yn y Beibl ac yn rhan o grefydd yr Iddew a'r Cristion fel ei gilydd. Mewn ffordd yr hyn a ddadlennir yn y Beibl yw dau gyfamod, y naill yn yr Hen Destament a'r llall yn y Testament Newydd. Ystyr cyfamod yn wreiddiol yw cytundeb rhwng dau berson. Golyga hyn fod y ddau yn gwneud cytundeb neu yn taro bargen â'i gilydd a thrwy hynny cydsyniant i fod yn ffyddlon ac i gynorthwyo ei gilydd. Yn syml, golyga fod dau yn dod i berthynas arbennig. Fe geir enghreifftiau yn yr Hen Destament, fel yn hanes Abraham ac Abimelech, (Gen. 21:27) a Dafydd ac Hiram. (1 Bren. 5. Gw. hefyd Josua 9-10)

Ond pan feddyliwn am gyfamod rhwng Duw a dyn y mae pethau'n bur wahanol ac fe olyga llawer mwy na chytuneb cyfartal. Y rheswm am hyn yw na all dyn wneud un peth ar yr amod fod Duw yn gwneud rhywbeth arall. Ni all dyn daro bargen gyda Duw oherwydd o'r cychwyn y mae dyn mewn safle cwbl is-raddol. O ganlyniad mae cyfamod o'r fath yn gwbl ddibynnol ar Dduw, Ef sy'n gwneud y berthynas yn bosibl. Y cyfan y gall dyn ei wneud yw derbyn neu wrthod.

Er y cyfeirir yn yr Hen Destament at nifer o gyfamodau rhwng Duw a gwahanol genedlaethau o Iddewon, fe'u hystyrir i gyd yn rhan o'r un cyfamod tragwyddol. Y cynharaf yw cyfamod rhwng Duw a Noa pryd y dywedodd Duw, "*Ond sefydlaf fy nghyfamod â thi; fe ei di i'r arch, ti a'th feibion a'th wraig, a gwragedd dy feibion gyda thi,*" (Gen. 6:18; 9:8-17) Yn Exodus 24 disgrifir cyfamod yn cael ei lunio rhwng Duw a Moses wedi iddo roi'r Deg Gorchymyn ar fynydd Sinai ac yn ddiweddarach gwelwn Dduw yn creu cyfamod gyda Dafydd (2 Sam. 7) gan addo mai un o'i ddisgynyddion fyddai'r Meseia.

CYNNWYS CYFAMOD ABRAHAM.

Ynghlwm wrth y cyfamod hwn y mae nifer o elfennau y gellir eu crynhoi fel â ganlyn.

1. Duw yn Dduw Iddynt.

Dywedodd Duw y byddai'n Dduw i Abraham a'i ddisgynyddion dros y cenedlaethau a hynny yn dragwyddol. (Gen. 17:7) Hynny yw, byddai perthynas cwbl arbennig rhwng Duw a'r bobl hyn, perthynas fyddai'n wahanol i'w berthynas gyda phob cenedl arall yn hanes y byd. Hon felly oedd cenedl ddewisiedig Duw y byddai'n tystio i holl genhedloedd y byd trwyddi. Fel y dywedodd Duw wrth Abraham, "*ac ynot ti bendithir holl dylwythau'r ddaear.*" (Gen. 12:3)

2. Addo Teulu. (Gen. 12: 2)

Addawodd Duw y byddai Abraham yn dad i deulu a chenedl fawr. "*Gwnaf dy had fel llwch y ddaear; os dichon i ddyn rifo llwch y ddaear, yna fe rifir dy had di,*" (Gen. 13:16; 15:3-6; 17: 4-6) meddai'r Arglwydd wrtho. Ond yr oedd cymlethdodau ynghlwm wrth hyn gan eu bod wedi bod yn ddi-blant am gyfnod maith. Yn wir, yr oeddent mor rhwystredig am gyfnod pan mewn gwth o oedran ac yn teimlo fod Duw un ai yn oedi'n ormodol neu wedi anghofio amdanynt fel y cyfathrachodd Abraham gyda morwyn Sara sef Hagar. Ganwyd iddynt fab ac enwyd ef Ismael. (Gen. 16) Ond ail-adroddodd Duw yr addewid am blentyn pan oedd Abraham yn 100 a Sara yn 90 ac erbyn hynny yr oeddent ill dau bron a rhoi'r ffidil yn y to. (Gen 17:17; 18: 9-15) Ond cadwodd Duw at ei addewid a ganwyd iddynt fab a elwid Isaac. (Gen. 21)

3. Addo Tir. (Gen. 13:14)

Addawodd Duw dir i Abraham a'i ddisgynyddion o afon yr Ewffrates a'r de orllewin am byth. Gwireddwyd yr addewid hwn pan arweiniodd Josua y genedl trwy'r Iorddonen i Ganaan, y wlad oedd yn llifeirio o laeth a mêl.

Dylid nodi hefyd bod aberth yn gysylltiedig a'r cyfamod hwn. Yn y bymthegfed bennod cyfeirir at hollti anner, gafr a hwrdd a hynny er mwyn cadarnhau'r cyfamod. (Salm 50:5) Yn aml, byddai creu cyfamod yn ddigwyddiad cyhoeddus lle yr holltwyd anifail yn ddwy ran, llosgwyd un hanner er gogoniant i Dduw a bwytawyd yr hanner arall fel rhan o wledd gyfamodol. Yn ddiddorol dywed Thomas Charles o'r Bala yn ei Eiriadur Ysgrythurol y byddai'r cyfamodwyr wrth selio eu cytundeb yn taro'r anifail oedd i'w aberthu ac yna wedi ei hollti'n ddwy ran byddent yn sefyll rhwng y ddau ddarn. (Jer. 34: 18, 19) Hwyrach fod taro bargen a tharo dwylo wrth wneud cytundeb yn hen, hen arfer.

Yn ôl y traddodiad Cristnogol daeth y cyfamod hwn i ben gyda dyfodiad Crist ac ynddo ef fe sefydlwyd y Cyfamod Newydd, Cyfamod Gras, rhwng Duw a'r Israel Newydd, sef yr Eglwys. (Heb. 8:6,8; Gal. 3:17) Er hynny, y mae llawer yn gyffredin rhwng y ddau gyfamod. Gelwir yr Hen Gyfamod weithiau yn Gyfamod Gweithredoedd gan fod Duw wedi gofyn i Adda ufuddhau iddo ac i beidio a bwyta o bren gwybodaeth da a drwg. (Gen. 2:17) Anufuddhaodd Adda i Dduw yn y cwymp ac felly torrodd y Cyfamod Gweithredoedd ac fel cynrychiolydd dynoliaeth golyga bod pawb wedi methu. Dyma darddiad pechod gwreiddiol a'r ddysgeidiaeth bwysig fod pawb ohonom yn bechaduriaid. Ond y mae'r Cyfamod Newydd yng Nghrist yn golygu bod Iesu wedi cyflawni ar ein rhan bopeth sy'n ddyledus arnom i Dduw. Y mae dyled dyn i Dduw yn ddeublyg, sef ufudd-dod llwyr i'w orchmynion a chosb am ein pechodau. Talodd Iesu ein dyled trwy fod yn berffaith ufudd i Dduw ar ein rhan, yn ystod ei fywyd daearol, a dioddef y gosb ddirdynnol am ein pechodau ar y groes yn ein lle.

"Cyfamod hedd, cyfamod cadarn Duw,
Ni syfl o'i le, nid ie a nage yw:
Cyfamod gwir, ni chyfnewidir chwaith;
Er maint eu pla daw tyrfa i ben eu taith."

Testun Trafod.

1. Beth yw'r gwahaniaeth rhwng yr Hen Gyfamod a'r Cyfamod Newydd?

2. Dywed rhai nad yw Cristnogion angen yr Hen Destament gan fod y Testament Newydd yn ddigonol ar ei ben ei hun. Trafodwch.

3. Y mae'r ddysgeidiaeth am bechod gwreiddiol yn dysgu fod pob person yn bechadur o'i enedigaeth. Rhowch dystiolaeth feiblaidd neu bersonol un ai o blaid neu yn erbyn y gosodiad hwn.

Medi 19eg.

Gwers 3 SODOM A GOMORRA (Genesis 18:16 - 19:29)

Fel y gellid disgwyl ceir nifer o hanesion unigryw yn Llyfr Genesis ac yn eu plith y mae'r hanes hwn am ddinasoedd Sodom a Gomorra. Nid oes digwyddiad cyffelyb yn y Beibl cyfan lle y gwelid Duw yn dinistrio dinasoedd am eu drygioni. Ceir llawer o enghreifftiau am unigolion yn cael eu taro'n farw ond dyma'r unig esiampl o ddinas. Yr oedd y ddwy ddinas *"a'u pechod yn ddrwg iawn"* ac ymwelodd yr Arglwydd â hwy. Er mwyn deall yr adran hon yn iawn y mae'n rhaid ystyried agwedd Duw tuag at bechod yn ei holl ffurfiau. Onid rhoi safbwynt ac agwedd Duw yw rhan o waith pennaf yr ysgrythurau yr hwn a ddaeth i uchafbwynt godidog yn Iesu Grist? Nid yw'r Beibl yn ceisio edrych ar y greadigaeth a dynolryw trwy lygaid meidrol ond yn hytrach trwy lygaid y Bod Mawr ei hun. I Dduw y mae pechod yn gwbl wrthyn ac annerbyniol gan mai canlyniad ydyw i wrthryfel dyn creëdig yn erbyn ei Greawdwr. Felly, y mae pob drygioni a gyflawnir trwy'r oesau yn groes i ewyllys a chynllun Duw ac yn ei frifo. Hefyd y mae gan Dduw, oherwydd yr hyn ydyw, yr hawl i farnu a chosbi pechod yn ôl ei gyfiawnder perffaith. Mewn bywyd dyddiol disgwyliwn i'r egwyddor hon gael ei chyflawni. Os yw dyn yn llofruddio, yn dwyn eiddo o dŷ neu yn gyrru ar gyflymder o 100 milltir yr awr ar draffordd y mae'n ddisgwyliedig y bydd yn derbyn cosb lem. Ond nid yw pobl mor bendant eu barn pan gyfeiriwn at Dduw'n cosbi pechaduriaid. Un o'r prif elfennau yn yr hanes hwn yw dangos i bobl ddifrifoldeb pechod yng ngholwg Duw.

YMBIL TROS SODOM (GEN. 18: 23-33)

Yma y mae Abraham yn erfyn ar ran Sodom ger bron Duw. Dyma'r weddi gyntaf a gofnodir yn y Beibl, gweddi ar i Dduw drugarhau wrth Sodom. Dengys hyn y modd y mae pobl Dduw i gasáu pechod a charu pechaduriaid. Dadl Abraham oedd y dylid arbed y ddinas oherwydd y bobl gyfiawn oedd yn byw yno ac wrth gwrs yr oedd nai Abraham sef Lot yn un o'r cyfryw rai. Ym mhob cymdeithas fe geir cymysgfa o'r drwg a'r da.

GWEDDI ABRAHAM

Yng ngweddi Abraham gwelir y nodweddion canlynol.

1. Gostyngeiddrwydd (ad. 27, 31; gw. hefyd 2 Sam. 7:18)

Dywed Abraham, *"Dyma fi wedi beiddio llefaru wrth yr Arglwydd, a minnau'n ddim ond llwch a lludw."* Dylid cael ymdeimlad cyson o annheilyngdod ym mhresenoldeb Duw oherwydd ei fod yn ennyn mawl ac yn meithrin gostyngeiddrwydd. Yr oedd Abraham yn ofni Duw ac yn pryderu am ei ddigio.

2. Graslonrwydd.

Dadleuai Abraham o blaid Sodom, ac er ei fod yn le annuwiol, ceisiau roi'r argraff orau o'r ddinas ac ni oedd hynny'n hawdd o bell ffordd. Y mae'r Cristion i geisio meddwl y gorau o bobl gan osgoi rhagfarn a drwgdybiaeth. Hefyd rhan o'n gwaith yw dadlau o blaid y gwan. Enghraifft ragorol o hyn yw'r ymgyrch Jiwbili 2000 sydd ar droed er mwyn ceisio dileu dyled y gwledydd tlawd.

3. Hyfdra.

Ymddangosai fel petai yn ymgodymu â Duw mewn gweddi gan ymbil ac erfyn dro ar ôl tro am drugaredd. Roedd yn cael ateb gan Dduw ond yr oedd ef yn barod i ofyn am ragor. Y mae'r arfer o ymgodymu â Duw mewn gweddi fwy na heb wedi darfod o'r tir. Yr oedd llawer o'r Piwritaniaid a'r tadau yn y ffydd yma yng Nghymru yn enwog am frwydro gyda Duw mewn gweddi. Gwaetha'r modd, ym myd y "sound bite" aethpwyd i ddirmgyu gweddi daer fel rhywbeth ailadroddus a di-sylwedd. Ond y mae'n amlwg yn ôl yr hanes hwn fod Duw yn parchu taer weddïau ei bobl a fod taerni yn talu. *"Peth grymus iawn ac effeithiol yw gweddi daer dyn da."* (Iago 5:16; gw. Luc 18: 1-8)

PECHOD SODOM (GEN. 19:1-11)

Yr oedd Lot yn ddyn da a chyfiawn yng ngolwg Duw ac yn byw mewn cymdeithas bwdr a thrachwantus. Gwelir ei letygarwch mawr yn rhoi croeso, lluniaeth a llety dros nos i'r hyn a dybiai ef oedd yn ymwelwyr.

Y mae'n amlwg fod Sodom wedi llithro i anfoes llwyr a bod y mwyafrif o'i thrigolion yn gwbl an-edifeiriol am eu pechod. Un elfen yn eu hanfoes oedd trachwant rhywiol a'r anallu i reoli eu nwydau. Oherwydd wedi i hen ddynion a gwŷr ifanc Sodom glywed bod dieithriaid yn nhŷ Lot daethant at y drws gan ofyn i Lot eu tywys allan er mwyn iddynt gael cyfathrach rywiol gyda hwy. (Bwriadwyd cyfathrach rywiol gan Dduw i fod yn weithred o gariad rhwng gwraig a gŵr priod yn unig.) Yr oeddent wedi caledu eu calonnau mewn drygioni trwy anniweirdeb (Gw. Jer. 15:3). Mwya'r blys mwya'r rhwystr. Cynigiodd Lot ei ferched fel puteiniaid er mwyn amddiffyn y ddau ddyn. Ond roedd hon yn weithred cwbl anghyfrifol gan na ddylai pobl Dduw byth ddewis cyflawni pechod. Mor rhwydd y gallwn fel Cristnogion gael ein tynnu i lawr i safonnau moesol sy'n groes i ewyllys Duw ac mor anodd yw sefyll yn gyson yn erbyn anfoes. Cofiaf un noson wyntog wylio caead bin ysbwriel cymdogion yn cael ei chwythu i ffwrdd a'r papurau yn cael eu gwasgaru ar hyd a lled y stryd. Meddyliais y dylwn roi'r caead yn ôl, ond nid felly y gwnaethum gan mai bin rhywun arall ydoedd. Trannoeth aethum allan, yr oedd y gwynt wedi gostegu a lle dybiwch chi oedd y swbriel o'r bin? Ie, yn fy ngardd i. Dylwn fod wedi cau bin fy nghymdogion y noson gynt. Yr un modd gydag anfoes a drygioni yn ein cymdeithas, os na wnawn rhywbeth i'w atal a'i wrthweithio yn enw Iesu, y mae'n effeithio arnom ni ac ar yr eiddom ni. Diwedd yr hanes oedd yr achubodd yr angylion Lot o ddwylo'r dorf gynddeiriog trwy eu taro'n ddall. Y mae Lot i'w edmygu oherwydd ei fod yn barod i sefyll yn erbyn drygioni ei gymdeithas er ei fod mewn lleiafrif mawr. Gelwir ar Gristnogion i fod yn halen y ddaear yn eu cymunedau ac i fod yn ddylanwad daionus er lles.

ACHUB LOT. (GEN. 19:12-26)

Achubwyd Lot a'i deulu gan yr angylion ac fe gadwodd Duw at ei addewid y byddai'n gwaredu'r cyfiawn. Ond rhoddwyd rhybudd i'r rhai a achubwyd i beidio ac edrych yn ôl wrth adael Sodom. Gwyddom yn iawn beth ddigwyddodd i wraig Lot, fe drodd yn golofn o halen oherwydd iddi fwrw golwg yn ôl. Cyfeiriodd Iesu at y digwyddiad hwn. (Luc 17:32) Y mae pobl yn gwneud môr a mynydd oherwydd bod gwraig Lot wedi ei throi yn halen ac oherwydd hynny yn colli ergyd yr hanes sef na ddylid dychwelyd yn ôl at hen bechodau. Yr hyn a geir yma yw beirniadaeth llym o bobl sy'n dychwelyd yn ôl i'w hen ffyrdd wedi iddynt gael eu gwaredu gan Dduw gan weld drygioni a phechod yn ddeniadol. Troi oddi wrth ddrygioni y dylid ei wneud nid troi tuag ato. Y mae tuedd ar y cyfryngau yn ddiweddar yn eu hawydd i ennyn diddordeb ac i chwyddo nifer gwylwyr a darllenwyr i droi fwy a mwy at bethau di-chwaeth. Y mae rhaglenni ar y teledu o ddydd i ddydd sydd yn dyrchafu anifyrrwch, gwrthdaro a hyd yn oed godineb, fel cyfrwng difyrrwch ac adloniant. Nid oes rhaid ond crybwyll rhaglenni fel "Neighbours From Hell", "Drivers from Hell" a "Jerry Springer" ymhlith llawer o rai eraill o'r un tuedd.Y teledu yn troi yn rhyw fath o arena paganaidd o'r cyn-fyd lle mae pobl yn llygadrythu, clustfeinio a glyfoeirio'n geg agored dros bechodau eu cyd-ddynion. (Gw.Phil 3:13, 14) - (Ad.27-29) Yma y sylweddolodd Abraham fod Duw wedi ateb ei weddi ac wedi caniatáu dihangfa i Lot. Dinistriwyd y dinasoedd ac yr oedd hwn yn gosb anarferol na welwyd cynt na chwedyn yn yr ysgrythur. (Gw. Dat 29:23; Ese. 13:19; Jer 49: 18; Seph 2:9)

CWYMP LOT. (Ad. 30-38)

Pa fodd y cwymp y cedyrn? Yn Sodom safodd Lot yn gadarn wrth wynebu pechodau'r gymdeithas baganaidd, ond pan ar ei ben ei hun gwelwn fel yr ildiodd i'r chwantau ac i'r blysiau mwyaf elfennol. Haws yw pechu yn y dirgel pan nad oes neb ond Duw yn dyst. Pan gyll y call fe gyll ymhell. Wedi hyn nid oes unrhyw sôn am Lot, y mae meddwdod yn gwneud dyn yn anghofus ac yna yn ei arwain i fod yn anghofiedig. Byth oddi ar yr hanes hwn daeth enwau Sodom a Gomorra yn symbol o bechod ac anufudd-dod dynion yn erbyn Duw.

Dengys yr hanes trist hwn na ellir anwybyddu deddfau a gorchmynion Duw heb ar yr un pryd ddinistrio bywyd personol a chymdeithasol.

Testun Trafod.

1. Ar ba sail yr oedd Abraham yn eiriol tros y dinasoedd?
2. A yw rhaglenni teledu sy'n defnyddio anawsterau teuluol,

anfoes, gwrth-daro fel adloniant yn iawn? A ddylai Cristion eu gwylio? E.e., Jerry Springer, Vanessa.

3. Ym mha ffordd y mae dinistr y dinasoedd hyn yn gyfiawn?

4. A ddylai Cristion ofni Duw?

Medi 26.

Gwers 4 PROFI FFYDD (Genesis 22)

Dyma hanes arall unigryw gan na wynebodd neb meidrol yr hyn a wynebodd Abraham yn y fan hon. Dywedodd Duw wrtho y byddai'n rhaid iddo aberthu ei fab Isaac. Ef oedd canwyll llygaid ei dad. Yr oedd Abraham a Sara wedi gorfod aros yn hir iawn amdano ac am gyfnodau wedi digalonni'n llwyr am etifedd. Ond ganwyd Isaac a llonwyd calon ei rieni yn fawr ac adlewyrchir hyn yn ei enw gan fod Isaac yn golygu "chwerthin". (Gen. 21: 6) Yr oedd hwn yn enw addas ar y bachgen gan fod Abraham (Gen. 17:17) wedi chwerthin a Sara hithau (Gen. 18:12) pan addawyd mab iddynt a hwythau mor hen. Dyma oedd yr hen arfer, rhoddid enwau ar blant oedd ag ystyr benodol ac yn y Beibl ceir llu o enwau o'r math yma. Dywed Gweirydd ap Rhys (Robert John Pryse, 1807-89) yn ei hunan-gofiant, "Yr oedd yr hen Gymry yn gallach na ni wrth enwi eu plant. Yr oeddent hwy yn cydnabod yn eu hymarferiad mai diben enwau oedd gwahaniaethu y naill oddi wrth y llall; am hynny, yn lle galw'r plant hynaf wrth enw'r tad, fel yn awr, nes bod hanner trigolion y wlad wedi mynd yn Sionod a Williamiaid, byddent hwy yn rhoi enwau gwahanol i'r tadau ar y plant, ac yn gyffredin byddai rhyw ystyr i'w henwau hwy, canys ni byddent hwy yn rhoddi enwau sefydlog ar y plant nes iddynt dyfu i fyny, fel y gallent wybod eu hansawdd a'u tueddiadau." Gwelir hyn yn y Mabinogi lle ceir enwau fel Branwen, Blodeuwedd, Pryderi a Gwern yn adlewyrch rhywfaint o gymeriad neu amgylchiadau'r person. Felly, yn yr Hen Destament roedd enwau yn cyfleu rhywbeth am y person neu am yr amgylchiadau ar adeg eu genedigaeth

PROFI ABRAHAM (AD 1, 2)

Gwelwn yma Dduw yn rhoi prawf llym ar ffydd Abraham trwy ofyn iddo offrymu ei fab Isaac yn boethoffrwm. Roedd Duw am weld pa mor gadarn oedd ei ymddiriedaeth ynddo. Y mae'n bur debygol mai'r peth pwysicaf ym mywyd Abraham oedd Isaac ond roedd rhaid iddo ddangos fod ei gariad at Dduw yn fwy. Roedd y geiriau, "*cymer dy fab....ac offryma ef,*" yn trywanu'n ddwfn i galon Abraham gan beri gofid dwys. Lladd yr hwn a garai, lladd yr hwn y disgwyliodd cyhyd amdano. I ni heddiw y mae'r prawf hwn yn ymddangos yn llym iawn ac annealladwy, oherwydd pwy ohonom ni fyddai'n barod i ladd ein plentyn i brofi ein ffydd? Rhaid cymryd yr hanes hwn fel un unigryw gan ystyried bod Duw yn goruwchlywodraethu dros y sefyllfa. Oni wyddai Duw o flaen llaw, yn ei hollalluogrwydd beth fyddai ymateb Abraham? Ond y mae hyn yn sicr, profa Duw ffydd ei bobl. Disgrifir hyn yn llyfr Job yn y bennod gyntaf lle y dywed Duw wrth Satan, "*Wele'r cyfan sydd ganddo yn dy law di, ond iti beidio â chyffwrdd ag ef ei hun,*" (Ad.12) ac yng ngweddill y llyfr gwelir Job yn cael ei brofi yn chwyrn. Cadernheir hyn yn y Testament Newydd, yn arbennig felly yn llythyr cyntaf Pedr lle dywedir, "*Yn wyneb hyn yr ydych yn gorfoleddu, er eich bod, fe ddichon, newydd brofi blinder dros dro dan amrywiol brofedigaethau. Y mae hyn wedi digwydd er mwyn i ddilysrwydd eich ffydd chwi, sy'n fwy gwerthfawr na'r aur sy'n darfod - ac y mae hwnnw'n cael ei brofi trwy dân - gael ei amlygu er mawl a gogoniant ac anrhydedd yn Nydd datguddio Iesu Grist.*" (ad. 6, 7) Y mae anawsterau a threialon bywyd y Cristion nid yn unig yn profi ei ffydd ond hefyd yn ei gryfhau.

PARATOI'R ABERTH (AD. 3-14)

Aeth Abraham ati i baratoi ar gyfer yr aberthu. Torrodd goed ac aeth ar daith a gymerodd dridiau draw at fynydd yng ngwlad Moreia. Wedi cyrraedd gadawodd y gweision wrth odre'r mynydd gan gymryd Isaac, y coed a'r gyllell gydag ef. Gofynnodd Isaac iddo yn ei ddiniweidrwydd y cwestiwn ingol, "*ble mae oen y poeth-offrwm?*" Atebodd Abraham gyda'r geiriau awgrymog, "*Duw ei hun fydd yn darparu oen y poethoffrwm.*" Paratowyd yr allor, rhwymwyd Isaac a'i osod ar y coed, a chodwyd y gyllell yn barod i ladd, a phan yr oedd ar fin trywanu, gwaeddodd llais angel gan ei atal. Gwelodd hwrdd wedi ei ddal yn y drysni ac offrymwyd hwnnw yn lle ei fab. Hanes dramatig iawn a dweud y lleiaf. Cyfyd nifer o gwestiynau yma, ac mae'n debygol bod rhai ohonynt wedi dod i feddwl Abraham. Fel hyn y cyfeiriodd John Jones, Talysarn, (1796-

1857) at y digwyddiad hynod hwn yn un o'i bregethau. "Gallasai y gorchymyn hwn (i ladd Isaac) ymddangos i reswm yn hollol anghydweddol â chyfiawnder Duw. Yr oedd cyfiawnder dwyfol yn gorchymyn lladd y llofrudd, ac ar unwaith yn condemnio fel yn hollol anghyfiawn, ladd y diniwed. Heblaw hyny, ymddengys y gorchymyn yn anghydweddol â ffyddlondeb Duw; oblegid yr oedd yr Arglwydd wedi addaw had i Abraham o Isaac...... Ymddangosai y gorchymyn yn hollol wrthwyneb i'r drefn a osododd Duw ymhlith dynion i offrymu iddo Ef. Ni welwyd erioed esiampl, er dechreu y byd, ymysg y Patriarchiaid, o offrymu aberth dynol.......Gan hynny ymddangosai y gorchymyn iddo fel yn myned allan o drefn a sefydlodd Duw o'r blaen ymhlith dynion i offrymu iddo Ef." Gwelir felly y cyfyd yma gwestiynau na ellir eu hateb yn rhwydd a rhaid eu gadael yn ben-agored. Felly, y mae'n fwy o ryfeddod byth fod Abraham wedi ufuddhau i orchymyn Duw.

CADARNHAU'R CYFAMOD. (AD. 15 - 19)

Oblegid bod Abraham wedi profi ei ffydd a'i ymddiriedaeth yn Nuw fe gadarnhaodd Duw ei addewid iddo. Cadarnhawyd y cyfamod y byddai ei ddisgynyddion yn amlhau yn ddirfawr, *"fel sêr y nefoedd ac fel y tywod ar lan y môr,"* ac fe ychwanegir, "*a thrwyddynt bendithir holl genhedloedd y ddaear, am iti ufuddhau."* (ad. 19) Sut y byddai holl genhedloedd y ddaear yn cael eu bendithio trwy deulu Abraham? Yr ateb yw, yn y Gwaredwr a'r Meseia, Iesu Grist, a oedd o had Abraham. Yr hyn sy'n rhyfeddol yn yr hanes hwn yw'r holl gysgodion sydd ynddo o'r hyn gyflawnodd Duw yn Iesu. Rhoddodd Duw y Tad ei unig anedig Fab yn aberth dros bechodau'r byd. Ar fynydd Moreia paratowyd y diniwed i gael ei offrymu ond ar fryn Calfaria bu farw'r perffaith er mwyn i'r amherffaith gael byw. Cariodd Isaac goed y poethoffrwm a chariodd Crist ei groes i farw'n wirfoddol arni. Yn llyfr cyntaf y Beibl ceir hanes tad a oedd yn barod i aberthu ei fab ac yn llyfrau olaf y Beibl cyfeirir at y Tad a roddodd ei Fab yn aberth. Fel y dywedodd Paul yn odidog, *"Nid arbedodd Duw ei Fab ei hun, ond ei draddodi i farwolaeth trosom ni oll. Ac os rhoddodd ei Fab, sut y gall beidio â rhoi pob peth i ni gydag ef?"*(Rhuf. 8:32) Onid oedd geiriau

Abraham yn broffwydol pan y dywedodd wrth Isaac yr holl filoedd o flynyddoedd yn ôl, "*Duw ei hun fydd yn darparu oen y poethoffrwm*"? Ac onid yw hanes Abraham yn cadarnhau i'n ffydd ni bod gan Dduw ei gynllun ar gyfer dynoliaeth a'i fod dros dreigl amser yn ei gwireddu?

Testun Trafod.

1. Ym mha ffyrdd y mae'n ffydd ni yn cael ei phrofi o ddydd i ddydd? Rhowch engreifftiau.

2. A all Cristion gyfiawnhau lladd person mewn unrhyw sefyllfa?

3. A yw Duw yn gofyn i ni gyflawni gweithredoedd na allwn eu deall?

3ydd **HYDREF** **Y BREGETH AR Y MYNYDD**

Gwers 5 **Dysgeidiaeth ar y Gyfraith**

(Mathew 5: 17 - 20)

Y mae'r paragraff hwn yn ragymadrodd ar gyfer y rhan ddilynol o'r bregeth ar y mynydd ac yn y fan hon y mae Iesu'n troi i ymdrin â'r Gyfraith. Ystyriwn wrth gychwyn y geiriau "y Gyfraith a'r proffwydi". Mewn gwirionedd idiom Hebreig yw hon sy'n cyfeirio at ysgrythurau'r Hen Destament yn eu crynswth.

Y GYFRAITH A'R PROFFWYDI. (AD.17)

Wrth ddarllen y gair "cyfraith" fe feddyliwn yn syth am y Gyfraith foesol - sef y deg gorchymyn - a roddwyd i Foses gan Dduw ar fynydd Sinai. (Ex. 20:1-17; Deut. 5:1-21) Ysgrifennwyd y pedwar gorchymyn cyntaf - yn cynnwys ein dyletswydd tuag at Dduw - ar un lechen, ac ysgrifennwyd y chwech arall - yn cynnwys ein dyletswydd tuag at ein cyd-ddynion ar ail lechen. Crynhoir y gorchmynion yn y geiriau, *"Câr yr Arglwydd dy Dduw â'th holl galon ac â'th holl enaid ac â'th holl feddwl ac â'th holl nerth.....Câr dy gymydog fel ti dy hun."* (Luc 12:29) Rhoddodd Duw y gyfraith hon, nid yn gymaint er mwyn i ddyn gael bywyd trwyddi, ond fel y dywed Thomas Charles:

"1. I ddangos cyfiawn awdurdod Duw ar ei greaduriaid, er eu bod hwy wedi ei wrthod Ef.

2. I ddangos amldra ein camweddau, mawredd ein heuogrwydd ger bron Duw.

3. I ddangos hefyd ein hangen o Grist fel cyfryngwr rhyngom a gofynion y ddeddf, a pherffeithrwydd ei ufudd-dod iddi."

Hefyd rhaid cofio nad y Gyfraith foesol oedd unig gyfraith yr Iddewon. Roedd ganddynt hefyd y Gyfraith Farnol a roddai arweiniad pa fodd y dylid ymddwyn tuag at eraill ac hefyd y Gyfraith Seremonïol a roddai arweiniad ynglŷn ag addoli ac aberthu.

Golygir wrth y gair "proffwydi" yr hyn oll a ddywedodd Duw trwy broffwydi'r Hen Destament, eu proffwydoliaethau a'u rhybuddion i genedl Israel a'r hyn a ddywedwyd ganddynt am yr Arglwydd Iesu Grist. (Gw. Es. 4:2; 9:2-7; 11; 53:2-12; Jer. 23:5,6; 33: 14-16; Sech. 6: 12, 13) Yn adnod 17 dywed Iesu ei fod wedi dod i'r byd nid i ddileu y Gyfraith a'r proffwydi ond yn hytrach i'w cyflawni. Mae'n sicr bod cwestiynau'n codi ym meddyliau rhai o'r gwrandawr beth yn union oedd bwriad Iesu? Efallai bod Iddewon eraill yn gobeithio y byddai'n dileu'r Gyfraith gan y gallai fod yn fwrn ac yn iau trwm ar eu hysgwyddau. Yn sicr sylwasant fod Iesu yn ŵr anarferol. Yn un peth siaradai hefo'r casglwyr trethi a'r pechaduriaid a chyfiawnhaodd iacháu cleifion a thynnu tywysennau ar y Saboth. Nid oedd yr athrawon arferol yn beiddio gwneud y fath bethau ac ymddangosai dysgeidiaeth Iesu ambell dro yn groes i'r ysgrythur. Yma, tawelodd Iesu'r dyfroedd trwy ddweud yn bendant nad oedd wedi dod i ddileu unrhyw un o eiriau Duw. Y gwrthwyneb oedd yn wir, daeth Iesu i'w cyflawni, i ufuddhau i orchmynion y gyfraith. Oherwydd yr oedd Iesu fel pob dyn arall yn atebol i'r Gyfraith. Fel y dywedir yn y Llythyr at y Galatiaid, *"Ond pan ddaeth cyflawniad yr amser, anfonodd Duw ei Fab, wedi ei eni o wraig, wedi ei eni dan y Gyfraith...."* (Gal. 4:4)

CYFLAWNI'R GYFRAITH A'R PROFFWYDI.

Rhaid gofyn yn y fan hon sut y cyflawnodd Iesu Grist y Gyfraith? I ddechrau fe gyflawnodd hi ym mhob agwedd o'i fywyd, trwy ufuddhau i air Duw - parchodd ei rieni, cadwodd y Sabath, gweddïodd, rhoddodd i elusennau a.y.y.b. Cyflawnodd un peth na wnaeth yr un dyn cynt na wedyn, sef byw yn gwbl berffaith, heb syrthio un waith oddi wrth ofynion Duw. Do, fe gafodd ei demtio, ond eto fe safodd yn gadarn heb bechu ac felly ni thorrodd un o gyfreithiau Duw. *"Ynddo Ef y mae'r "Ie" i holl addewidion Duw."* (2 Cor. 1:20) Hefyd fe gyflawnodd y Proffwydi gan eu bod hwy wedi rhagweld ei ddyfodiad, ei enedigaeth, ei farwolaeth ynghyd â manylion eraill o'i fywyd, ac yng Nghrist fe gyflawnwyd yr holl broffwydoliaethau. (Gw. Rhuf. 8:2-4; Col. 2: 16, 17; Heb. 10:3-12) Fel y canodd Dafydd Jones, Caeo, (1711 - 1777),

"Wele, cawsom y Meseia,
Cyfaill gwerthfawroca' 'rioed;
Darfu i Moses a'r proffwydi,
Ddweud amdano cyn ei ddod:
Iesu yw, gwir Fab Duw,
Ffrind a Phrynwr dynol-ryw."

NID ÂNT HEIBIO DDIM. (AD.18)

Yna mae Iesu yn mynd ymlaen i gadarhau yr hyn a ddywedodd. Byddai nefoedd a daear yn darfod cyn i'r lythyren leiaf o'r Gyfraith ddarfod. (Ym Meibl yr Esgobion cyfeirir at "iod" sef llythyren leiaf yr wyddor Hebraeg.) Y mae gair Duw felly i'w ystyried yn ddigyfnewid, yn fwy parahol hyd yn oed na'r greadigaeth. "*Y nef a'r ddaear, ânt heibio, ond fy ngeiriau i, nid ânt heibio ddim."* (Math. 24:35) Yr hyn a bwysleisir gan Iesu yw y bydd y Gyfraith a roddwyd gan Dduw ar hyn oll sydd yn yr Hen Destament a'r proffwydi yn cael gael eu cyflawni hyd y manylyn lleiaf ac y byddant yn para hyd nes bydd y cyfan wedi ei gyflawni.

CADWYN Y GYFRAITH. (AD. 19)

Hwyrach bod Iesu Grist yn cyfeirio yn y fan hon at y Phariseaid a'r ysgrifenyddion. Oherwydd yr oeddent hwy, wrth esbonio'r Gyfraith, yn euog o wahaniaethu rhwng y gorchmynion gan ddweud bod rhai yn bwysicach na'i gilydd. Yn waeth na hynny, trwy wneud hyn, yr oeddent yn dysgu pobl eraill i dorri rhai o'r cyfreithiau. Gelwir rhain y lleiaf yn nheyrnas nefoedd. Dengys hyn nad oes graddfeydd yng nghyfaith Duw. Ni ellir pwyso a mesur y gorchmynion gan eu didoli yn ôl eu gwerth neu eu tafoli yng nghlorian ein cyfnod a'n diwylliant. Dywedir hyn yn glir yn Llythyr Iago, *"Pwy bynnag a gadwodd holl ofynion y Gyfraith, ond a lithrodd ar un peth, y mae hwnnw'n euog o dorri'r cwbl."* (Iago 2:10) Golyga hyn fod y Gyfraith yn ymdebygu i gadwyn. Os torri'r un ddolen mewn cadwyn, yna mae'r gadwyn gyfan wedi ei thorri. Yr un modd os torrwn un o ddolennau'r Gyfraith yna mae'r Gyfraith gyfan wedi ei thorri. O ganlyniad os ydym ni yn lladrata eiddo rhywun onid ydym hefyd yn euog o lofruddio a godinebu oherwydd bod y gadwyn wedi ei thorri? Felly, y mae pob pechadur yn gyd-radd yng ngolwg Duw. Ystyrir y bobl sy'n cyflawni pechodau "bach" ar ein llinyn mesur ni ar yr un gwastad a'r sawl sy'n cyflawni pechodau "mawr". Yma, condemnir y rhai hynny sy'n plygu'r gorchmynion i'w syniadaeth eu hunain a mawrygir pob un sy'n cadw'r gorchmynion gan eu dysgu i eraill.

CYFIAWNDER Y PHARISEAID (Ad. 20)

Yr oedd hwn yn osodiad ysgubol yn enwedig i'r rhai oedd yn gwrando, oherwydd ystyrid y Phariseaid a'r ysgrifenyddion fel y bobl mwyaf duwiol a sanctaidd ar wyneb daear lawr. Eto, dyma Iesu yn eu condemnio yn ddi-flewyn ar dafod gan ddweud y dylai cyfiawnder ei ddilynwyr ef fod yn fwy nac eiddo'r bobl fwyaf cyfiawn y gwyddent amdanynt. Ystyr y gair Phariseaid yw, ymwahanwyr, pobl sydd wedi neilltuo eu hunain oddi wrth gymdeithas. Ystyriai llawer o'r Phariseaid eu bod uwchlaw eraill ac yng ngolwg y werin yr oeddent yn uwchraddol. Yma dywedodd Iesu, *"oni fydd eich cyfiawnder chi yn rhagori......."* Mae'n debygol y meddyliai'r gwrandawyr na allent fod cyfuwch a'r bobl hyn heb sôn am ragori, felly pa obaith oedd iddynt?

Dagrau'r sefyllfa oedd mai cyfiawnder allanol oedd eiddo'r Phariseaid ac nid cyfiawnder mewnol. Safent mewn mannau amlwg wrth weddïo ac wrth wneud hynny byddent yn amlhau geiriau'n ddiangen gan ddiolch i Dduw am eu bod yn well nac eraill, gan dalu'r degwn ar bopeth. Ond eu gwendid oedd mai cyflawni'r Gyfraith yn allanol a gweladwy yr oeddent yn ei wneud ac nid oedd eu crefydd yn treiddio i'w calonnau at y dyn oddi mewn. (Math. 23: 1-36) Cragen wag oedd eu crefydd gyda'r sylwedd ar goll. Mae'n debyg bod rhai ohonynt yn ddidwyll ond diwerth yw didwylledd heb wirionedd. Gallwn ninnau dwyllo ein hunain ein bod yn Gristnogion gan bwyso'n unig ar allanolion fel gweithredoedd dyngarol, geiriau blodeuog, athrawiaeth wag, traddodiad hynafol a ffurf crefydd yn hytrach nag ar Dduw trwy Iesu Grist. Rhaid i bawb ohonom holi ein hunain yn gyson. Yr unig ffordd y meddwn gyfiawnder rhagorach na'r Phariseaid yw trwy ddibynnu'n llwyr ar Iesu a'i farwolaeth trosom. Nid yw hynny yn dileu'r Gyfraith oherwydd yr ydym yn parhau i fyw'n ddyddiol yn ôl arweiniad y Gyfraith. A'r prawf ein bod yn derbyn gras Duw yn Iesu yw ein bod yn byw yn ymarferol gyfiawn o ddydd i ddydd. *"Os ydych yn fy ngharu i,"* meddai Iesu, *"fe gadwch fy ngorchmynion i."* (Io. 14:15)

"N'ad im fodloni ar ryw rith
O grefydd, heb ei grym,
Ond gwir adnabod Iesu Grist
Yn fywyd annwyl im."

(David Morris, Tŵr Gwyn, 1744-1791)

Testun Trafod.

1. A yw torri un o orchmynion Duw yn golygu ein bod wedi torri'r gorchmynion eraill i gyd?

2. A ydym ni yn dysgu ac yn hyfforddi ein gilydd yn ddigonol yn y gorchmynion? A oes gan y gymdeithas rhywbeth i'w ddysgu o'r deg gorchymyn?

3. Twyllo eu hunain eu bod yn gwneud ewyllys Duw oedd y Phariseaid. A allwn ni dwyllo ein hunain ein bod yn Gristnogion?

4. A oes graddfeydd mewn pechodau yng ngolwg Duw?

Hydref. 10.

Gwers 6 DYSGEIDIAETH AR DDICTER (Mathew 5: 21-26)

Yn yr adran ddiwethaf (Ad.17-20) clywsom Iesu yn pwysleisio fod yr hyn oll a ddysgai mewn cytgord llwyr gyda'r Gyfraith a'r proffwydi. Er hynny yn adnodau 19 a 20 dywedodd fod ei ddysgeidiaeth ef yn anghydweld yn llwyr gyda dehongliad y Phariseaid a'r ysgrifenyddion o'r ysgrythurau. Yn y paragraff hwn fe ymhelaetha Iesu ar yr hyn a ddywedodd yn adnod 20 gan esbonio perthynas y Cristion â'r Gyfraith. Gwna hyn mewn dwy ffordd. Yn gyntaf, rhydd esboniad cywir o'r Gyfraith. Yna yn ail, fe wrthgyferbynia y gwir ddehongliad gyda dehongliad y Phariseaid a'r ysgrifenyddion. Carfan o fewn i'r grefydd Iddewig oedd y Phariseaid. Fe'u nodweddid gan sêl dros y Gyfraith a ffyddlondeb i draddodiad yr hynafiaid. Yr oedd yr ysgrifenyddion yn arbenigwyr yng nghyfraith Moses (Y Torah). Roedd eu swyddogaeth yn driphlyg; 1. Cadwraeth y Gyfraith. 2. Athrawon y Gyfraith. 3. Cyfreithwyr y gyfraith, gan eu bod yn gyfrifol am weinyddu'r gyfraith fel barnwyr yn y Sanhedrin. O ddarllen y deg gorchymyn yn llyfr Exodus gwelir eu bod yn gosod egwyddorion mawr a phwysig ond er hynny nid oes manylion ynghlwm wrthynt. Yr hyn a wnaeth yr ysgrifenyddion oedd darnio'r gyfraith i fod yn filoedd o reoliadau ac is-ddeddfau hynod fanwl. Gwir grefydd yn eu golwg oedd ufuddhau yn systematig i bob un o'r rheolau hyn. Cofnodwyd eu dysgeidiaeth - a fu cyn hynny ar lafar yn unig - yng nghanol y drydedd ganrif ar glawr a gelwir y gyfrol yn Mishnah. Yn ddiweddarch ymddangosodd esboniadau ar y Mishnah a elwid y Talmud. Er mwyn cael syniad o fanylrwydd y rheoliadau hyn rhoddaf un enghraifft. Dywed y Gyfraith fod y Saboth i'w gadw'n gysegredig, ac na ddylid cyflawni unrhyw waith arno. Aeth yr ysgrifenyddion ati i ddehongli'n fanwl ystyr hyn. Gofynnasant; Beth yw gwaith? Diffiniwyd nifer o bethau fel gwaith ac un o'r pethau yn y dosbarth hwn oedd "cario llwyth ar y Saboth". Ond beth yn union a ystyrid yn llwyth? Yn y dosbarth hwn rhestrwyd fel "llwyth"; bwyd oedd yr un pwysau a ffigys wedi ei sychu, digon o win i'w gymysgu mewn cwpan, llefrith digonol ar gyfer un llwnc, digon o fêl i'w roi ar un briw, inc digonol i ysgrifennu dwy lythyren o'r wyddor ac yn y blaen. Treuliasant oriau yn trafod materion fel, a oedd hi'n iawn symud lamp o un lleoliad i un arall a hyd yn oed os oedd hi'n iawn gwisgo dannedd gosod ar y Saboth yntau a oedd hynny yn gyfystyr a gwaith? Manion diwerth oedd eu crefydd, ufudd-dod mecanyddol i reolau dynol. Dyma a wrthwynebai Iesu.

CAMDDEHONGLI A CHAMARWAIN (AD. 21)

Y mae'n bwysig ein bod yn deall yn y fan hon beth yw ystyr yr ymadordd, *"Clywsoch fel y dywedwyd wrth y rhai gynt"*, gan ei fod yn codi chwe gwaith yn y bennod hon yn adnodau 27, 31, 33, 38 a 43. Oherwydd mae'n dadansoddiad o'r geiriau hyn yn allweddol i'n dealltwriaeth o'r hyn sy'n dilyn. Gall olygu un o ddau beth. Un ai fod Duw wedi dweud wrth Moses neu fod y Phariseaid wedi dweud wrth y bobl.

Yn ddiddorol iawn y mae gwahaniaeth yma rhwng Beibl yr Esgobion a'r Beibl Cymraeg Newydd. Yn BYE dywedir *"Clywsoch ddywedyd gan y rhai gynt"*, tra mae'r BCN yn dweud, *"Clywsoch ddywedyd wrth y rhai gynt"*. Adlewyrchu y mae hyn yr anhawster wrth gyfieithu o'r Groeg. Ni ellir ar sail y Groeg gwreiddiol ddweud yn bendant os mai "wrth" ynteu "gan" yw'r cyfieithiad cywir. Ai cyfeirio y mae Crist yma at gyfraith Moses? Ynteu ai cyfeirio y mae at y Phariseaid ar ysgrifenyddion. "Clywsoch ddywedyd gan y Phariseaid a'r ysgrifenyddion?"

Wrth edrych ar y cyd-destun, fe ymddengys mai sôn am y Phariseaid a'r ysgrifenyddion y mae Iesu yma. Y mae'r Arglwydd am ddangos y gwir ddehongliad o'r ysgrythur ochr yn ochr a dehongliad cyfeiliornus y Phariseaid a'r ysgifenyddion. Os nad yw hyn yn wir gellid dadlau fod Iesu yma yn tanseilio geiriau cyfraith Duw, a byddai hynny'n gwbl amhosibl.

Yr hyn sy'n bwysig i'w gofio yw nad oedd y bobl gyffredin yn deall Hebraeg yn nyddiau Iesu, collasant yr iaith honno yn y gaethglyd ym Mabilon. O ganlyniad roeddent yn gwbl ddibynol ar yr arweinyddion crefyddol i ddarllen a dehongli'r ysgrythurau. Yn union fel yn Ewrop cyn y Diwygiad Protestannaidd pryd yr oedd popeth yn yr Eglwys Gatholig yn Lladin ac wrth gwrs nid oedd y

Beibl wedi ei gyfieithu i ieithoedd brodorol. Dadleuodd Martin Luther fod llawer o arweinyddion yr eglwys bryd hynny yn cam-ddehongli'r ysgrythurau gan ddysgu celwyddau i'r bobl. Dysgwyd iddynt mai cyfryngau achubiaeth oedd y sacramentau ac nid Iesu Grist ei hun. Gellid prynu maddeuant am unrhyw drosedd ag arian a gellid perswadio'r Pab i ryddhau eneidiau perthnasau o'r purdan am bris. Yn yr un modd yma ceisiai Iesu ddangos fod y Phariseaid a'r ysgrifenyddion yn camddehongli'r Gyfraith ac felly'n camarwain y bobl.

"Na ladd; pwy bynnag sy'n lladd bydd yn atebol i farn." Ceir y geiriau, "na ladd" yn Exodus 20:13 a Deutoronomium 5:17 a hwn yw'r chweched o'r deg gorchymyn a roddwyd gan Dduw. Beth felly yn ôl Iesu sydd o'i le ar y geiriau? Y gwendid oedd fod y Phariseaid a'r ysgrifenyddion wedi ychwanegu y geiriau, *"pwy bynnag sy'n lladd bydd yn atebol i farn."* Ond fe geir yr un ystyr yn y geiriau hyn, *"A dywallto waed dyn, trwy ddyn y tywelltir ei waed yntau",* (Gen. 9:6) felly beth oedd o'i le?

Yr hyn oedd o'i le oedd y modd yr oeddent yn dehongli'r geiriau. Eu tuedd oedd eu dehongli yn gwbl llythrennol. Roeddent yn darllen y deg gorchymyn ac yn dod at y chweched sef, "Na ladd". Yna roeddent yn gofyn iddynt eu hunain, "a ydwyf wedi lladd rhywun heddiw?" Na! felly rwyf wedi cadw'r gorchymyn yna. Ond yn ôl Iesu roedd arwyddocâd y gorchymyn yn llawer dyfnach. Roeddent yn euog o gadw at lythyren y ddeddf gan anghofio ei hysbryd.

YSBRYD Y DDEDDF (Ad. 22)

Yn gyntaf fe danlinellai Iesu y ffaith fod bywyd unigolion yn werthfawr a sanctaidd ac na ddylid lladd. Ond yna, fe esboniai'n glir beth yw ystyr ddyfnach ac ysbryd y ddeddf, gan ddweud, *"Ond rwyf fi'n dweud wrthych, y bydd pob un sy'n ddig wrth ei frawd yn atebol i farn".* Rhaid cofio nad dweud mae Iesu, "fel hyn y dywedodd Moses, ond yr wyf fi yn dweud rhywbeth gwahanol." Na, dweud mae Iesu, fel hyn oedd y Phariseaid a'r ysgrifenyddion yn dehongli, ond fel hyn y dylent fod wedi dysgu. Nid dod i sefydlu deddf newydd wnaeth Crist, ond dod i ddangos beth oedd ystyr deddfau Duw o'r dechrau. Y mae ysbryd y gorchmynion cyn bwysiced a'r gorchmynion eu hunain. Mewn gwirionedd mae Iesu'n dyfnhau a dwyshau ystyr y gorchymyn hwn. Dywed nid yn unig ein bod i ochelyd rhag lladd, ond hefyd i osgoi y teimladau hynny sy'n arwain tuag at lofruddiaeth. Teimladau o ddicter a chasineb tuag at ein cyd-ddynion. Y mae'r Cristion i ddisgyblu'r teimladau drwg tuag at eraill sydd ambell dro yn cronni ynom. Nid gwaith rhwydd yw hyn, ond diolch i'r drefn y mae Duw yn rhoi nerth i ni trwy yr Ysbryd Glan; yr hyn a alwai'r Piwritaniaid yn ras ataliol. Cychwyn y weithred o ladd yw'r teimlad o wylltineb, casineb a dial sydd yn meddiannu dyn ac y mae hyd yn oed y teimladau hyn yn groes i'r chweched gorchymyn. Ffrwyth calon ddrwg yw llofruddiaeth, a phen llanw cyflwr calon a meddwl person sy'n ei arwain i'w chyflawni. Er mwyn i ddyn lofruddio mae'n rhaid fod y tueddiadau ynddo cyn hynny. Fel y dywedodd Iesu ym Mathew 15:19; *"Oherwydd o'r galon y daw cynllunio drygionus, llofruddio, godinebu, puteinio, lladrata, camdystiolaethu a chablu."* Felly er mwyn dileu llofruddiaeth, rhaid dileu tueddiadau drwg y galon. Y mae'r Cristion yn ystod ei fywyd i lanhau ei galon o'r fath dueddiadau niweidiol a daeth Iesu i buro ein calonnau trwy ei farwolaeth a'i ddysgeidiaeth. Y nodwedd sydd i dyfu ym mywyd y Cristion yw cariad. (Gw. Rhuf 13: 8, 9) Aeth Ioan mor bell ac ysgrifennu yn ei lythyr cyntaf, *"Llofrudd yw pob un sy'n casau ei frawd, ac yr ydych yn gwybod nad oes gan unrhyw lofrudd unrhyw fywyd tragwyddol yn aros ynddo."* (1 Io. 3:14)

Hefyd dywedir y byddai'r dyn sy'n galw ei frawd yn ynfytyn yn ateb am hynny yn nhân uffern (Gehenna). "Raca" yw'r gair Groeg a gyfieithir "ynfytyn" yma. Ystyr "raca" - sydd yn air o ddirmyg llwyr - yw rhywbeth tebyg i "ben rwdan" neu "ben dafad" yn y Gymraeg. Felly, nid yn unig yr ydym i ymatal rhag lladd ond yr ydym i oresgyn y teimladau hynny a all fod y cam cyntaf tuag at ladd. Nid newid y deddfau mae Crist ond dangos beth oedd eu hystyr gwreiddiol ac mae'r safon ddisgwyliedig yn aruthrol o uchel ac yn ddychryn. (Gw. Deut. Gen.4:1-6; 6:5; Lef. 19:18)

CYMOD GYNTAF (Ad. 23, 24)

Er mwyn cadarnhau yr hyn o ddywed y mae Iesu yn ychwanegu gan ddefnyddio dau ddarlun. Yn y cyntaf disgrifir dyn yn dod ag offrwm at allor. Yna, fe gofia yn sydyn bod ffrae fawr wedi bod rhyngddo ef a'i frawd. *"Dos"* medd Iesu, *"a mynn gymod yn gyntaf â'th frawd ac yna tyrd a chyflwyno dy offrwm."* (Gw.1 Io. 4:20, Rhuf, 12: 17, 18) Nid yw caru ac addoli Duw a chasáu cyd-ddyn ar yr un pryd yn gydnaws a'i gilydd. Sylwer fod Iesu'n dweud, *"**mynn** gymod yn gyntaf."* Nid gwneud rhyw ymdrech dila, ond mynnu cymod yw ffordd dilynwyr Crist. A gwneud hynny yn gyntaf, nid yfory neu drenydd ond nawr, cyn gynted ag y bo modd. Oherwydd y mae tuedd mewn unrhyw anghydfod i ddwysáu dros dreigl amser. Y cyfle gorau i dorri dadl yw ar ei dechrau. Dyma yw ysbryd y ddeddf.

I'R LLYS (Ad. 25, 26)

Yn yr ail ddarlun disgrifir dau ddyn yn mynd i'r llys oherwydd bod anghytundeb rhyngddynt. Unwaith eto mae Iesu'n pwysleisio bod yn rhaid delio gyda pethau fel hyn cyn gynted ag y bo modd cyn i bethau fynd o ddrwg i waeth. Mor rhwydd y mae ffrae rhwng dau unigolyn yn gallu datblygu i fod yn wrthdaro rhwng dau deulu a dwy gymdogaeth. Ffynnon chwerw yw dial. Y mae'r Cristion i geisio dod i gyd-ddealltwriaeth buan, nid yw i ddal dig a chadw cyfrif o gam ac oblegid i Dduw faddau iddo ef ei holl bechodau trwy Iesu, dylai yntau faddau i eraill. (Gw. 1 Cor. 6: 7, 8)

Ond a yw dehongliad Iesu o'r gorchymyn hwn yn golygu ei fod yn wirionedd absoliwt? Hynny yw, nad oes gan Gristion hawl i ladd mewn unrhyw sefyllfa? Y mae'n wir dweud bod llawer o ddadlau wedi bod ynglŷn â hyn. Cred rhai Cristnogion mai cyfeirio yn unig at sefyllfa lle y mae unigolyn yn lladd unigolyn arall y mae'r gorchymyn hwn ac nad ydyw yn cyfeirio at gymdeithas yn lladd rhywun, un ai trwy ddienyddio neu trwy ryfel. Ond yn ôl y dystiolaeth sydd ger bron, yn enwedig yn y Testament Newydd ac esiampl Iesu, ei ddisgyblion a'r apostolion wrth wynebu erledigaeth chwyrn rhaid dod i'r casgliad nad oes gan Gristion yr hawl i gymryd bywyd person arall. Hawl Duw yn unig yw hynny, *"yr Arglwydd a roddodd a'r Arglwydd a ddygodd ymaith."* Trwy geisio cyfiawnhau lladd mewn rhai amgylchiadau arbennig y mae cwestiynau dyrys iawn yn codi i'r Cristion. e.e., 1. Onid ydym trwy ladd person yn penderfynu ei dynged tragwyddol? Os yw'n anffyddiwr pan y'i lleddir golyga hynny ein bod yn selio ei golledigaeth. 2. Os oes rhai yn dadlau bod llofruddiaeth gyfiawn, oni allai eraill ddadlau bod lladrata a godineb cyfiawn mewn rhai amgylchiadau? Yn y cyd-destun hwn cyfyd nifer o faterion anodd sydd angen eu trafod ond nid oes gofod yma sef, hunanladdiad, erthyliad, euthanasia, pobl mewn coma a gwaith meddygon wrth ddelio gyda chleifion sydd ar eu gwely angau, ac am ba hyd y dylid eu cadw'n fyw. Beth yw'r safbwynt Cristnogol tuag at y materion hyn? Hwyrach y gallwch drafod rhai o'r pynciau hyn ar ddiwedd y wers hon.

Testun Trafod

1. A oes gwahaniaeth rhwng unigolyn yn lladd a gwlad neu gymdeithas yn lladd trwy ddienyddio a rhyfel?

2. Beth yw eich barn am euthanasia, erthyliad, a hunanladdiad?

3. Beth yw'r gosb y dyliai llofrudd ei derbyn?

Gwers 7 DYSGEIDIAETH AR ODINEB (Mathew 5:27-30)

Yn yr adran hon mae Iesu yn delio gyda'r seithfed o'r deg gorchymyn, sef "Na odineba". (Ex. 21: 14; gw. hefyd ad. 17) Ystyr gyfyng y gair godineb yw perthynas rywiol rhwng person priod a pherson arall ar wahân i'w wraig/gŵr. Arwydda anffyddlondeb, anlladrwydd ac anniweirdeb. Yn yr Hen Destament gwaharddwyd godineb yn llwyr, a phe byddai dau berson yn cael eu dal mewn godineb yna fe'u dienyddiwyd. Fel y dengys yr adnod hon *"Os bydd unrhyw un yn godinebu gyda gwraig ei gymydog, y mae'r godinebwr a'r odinebwraig i'w rhoi i farwolaeth.*" (Lef. 20:10) Ond fe ymddengys fod y gorchymyn i ddienyddio godinebwyr yn lythyren farw gan fod llawer o odinebwyr yn mynd yn gwbl ddigosb fel yn hanes Dafydd a Bathsheba. (2 Sam. 11)

Unwaith eto gallwn ddychmygu Pharisead ar derfyn dydd yn darllen trwy'r deg gorchymyn ac yn cyrraedd y seithfed gorchymyn sef, "Na odineba" (Ex. 20:14) Wrth wneud hyn, mae'n gofyn iddo'i hun "A ydwyf wedi cyflawni'r weithred o odineb heddiw? A ydwyf wedi twyllo'm gwraig neu wedi bod hefo dynes arall? Na! felly rwyf wedi cadw'r gorchymyn hwn." Ond unwaith eto, tra'n cadarnhau'r gorchymyn, fe bwysleisia Iesu fod y Gyfraith yn llawer mwy na'r llythrennol a'r arwynebol a fod gofynion Duw yn llawer uwch na hynny.

MARWHAU POB PECHOD CAS (Ad. 28)

Y mae Iesu yn gosod safonau uchel a glân i'w ddilynwyr sydd yn llawer mwy na pheidio a chyflawni gweithredoedd. Fe â eto at wreiddyn y drwg, at yr hyn sy'n gallu achosi godineb, sef chwantau afreolus. Ac aralleirio yr hyn ddywed meddai, "Os wyt ti yn edrych gyda blys yn y galon a chyda chwant yn dy feddwl ar ŵr/gwraig, yna yr wyt wedi godinebu â hi/ef yn y galon." Y mae Iesu yma eto yn dwysáu ystyr y gorchymyn gan ddangos yr hyn a olygai o'r dechrau'n deg. Wrth gwrs rhaid gwahaniaethu yma rhwng edrych ar berson a'u gweld yn hardd, prydferth a deniadol ac edrych gyda blys a thrachwant sy'n cynhyrfu'r nwydau. Fel Cristnogion rydym i fod i ddisgyblu ein chwantau a'n blysiau, gan wrthod iddynt ein rheoli mewn unrhyw ffordd. Fel yr ysgrifennodd Iago, *"Yn wir pan yw dyn yn cael ei demtio, ei chwant ei hun sydd yn ei dynnu ar gyfeiliorn ac yn ei hudo. Yna, y mae chwant yn beichiogi ac yn esgor ar bechod, ac y mae pechod, ar ôl cyrraedd ei lawn dwf, yn cenhedlu marwolaeth."* (Iago 1:14, 15; 1 Io. 2: 15-17) Ai dyma pam y canodd William Williams, Pantycelyn,

"Rho fy ***nwydau*** *fel cantorion,*
Oll i chware'u bysedd cun
Ar y delyn sydd yn seinio
Enw Iesu mawr ei Hun;
Neb ond Iesu
Fo'n ddifyrrwch ddydd a nos"?

Ond haws dweud na gwneud. Gwyddom yn iawn fod posibilrwydd i bob Cristion syrthio i demtasiynau o bob math. Sut felly yn ymarferol yr ydym i'w gwrthsefyll? Rhoddir arweiniad am hyn yn yr adnodau nesaf.

LLAWDRINIAETH (Ad. 29, 30)

Mae'n gwbl amlwg na ddylid cymryd yr adnodau hyn yn llythrennol gan dynnu llygad allan a thorri llaw ymaith. Yn hytrach yr hyn a olygai Iesu yw y dylid dileu o'n bywydau unrhyw bethau sy'n ein harwain i bechu. Y mae ystyr y gair a ddefnyddir am "achos cwymp" yn taflu goleuni pellach. Y gair yn y Groeg yw *scandalon* sy'n tarddu o'r gair *scandalethron* ac ystyr hwnnw yw "ffon a ddefnyddir i ddal abwyd mewn magl." Ar drap llygod ambell dro mae ffon fechan lle rhoddir y caws i'w denu. Yr ydym i waredu ein bywydau o unrhyw abwyd sy'n peri i ni gwympo a phechu. Y mae'n well mynd i'r nefoedd heb y pethau hynny nag i ddinistr a hwythau gennym. (Gw. Math. 18: 8, 9; Luc 9: 24-25) Y mae'n gwbl wirion i alcoholic diwygiedig, gadw potel lawn o wisgi ar ben y teledu a chadw ffrindiau sydd byth a hefyd yn ei annog i fynd i'r dafarn bob nos. Na, gwell iddo gael gwared o'r rhain na'u bod yn faen tramgwydd iddo. Yn yr un modd nid ydym ninnau i roi ein hunain mewn sefyllfaoedd o demtasiwn, fel pe baem yn temtio temtasiwn i ymosod arnom. Gŵyr pawb yn union beth yw ei wendid ei hun.

MAWRHAU POB PECHOD CAS.

Wrth gloi'r wers hon hoffwn ychwanegu y sylwadau dilynol. Yr ydym ar hyn o bryd yn byw mewn cyfnod a diwylliant sy'n tanseilio llawer o'r ddysgeidiaeth Gristnogol ynglŷn â phriodas a rhyw. Y mae pobl o bob oed ac yn arbennig ein ieuenctid yn dod o dan ddylanwadau gwrthyn iawn i Gristnogaeth. Anogir rhyddid rhywiol ar drael diweirdeb a ffyddlondeb priodasol. Dywedir mai hwyl di-niwed yw neidio o wely i wely i foddhau chwantau ac mai pobl gul anoleuedig sy'n dweud i'r gwrthwyneb. Anghofiwyd yn llwyr mai rhodd gan Dduw i wraig a gŵr o fewn i gwlwm priodas yw cyfathrach rywiol ac na ddylid ei gweithredu y tu allan i'r cwlwm hwnnw. Cyflwynir delweddau awgrymog rhywiol o ddydd i ddydd trwy'r holl gyfryngau gyda'r bwriad o gynnau chwant gwylwyr. Y mae pob math o bechodau un ai yn cael eu dibrisio'n llwyr neu eu mawrhau ac y mae hon yn sefyllfa drist gan mai'r union bechodau hyn sydd mor ddibwys yng ngolwg cymdeithas a gostiodd mor ddrud i Iesu ar y groes. Ein braint ni fel Cristnogion yw dangos bod ffordd wahanol o fyw yn cael ei gynnig gan Iesu, ffordd o lendid a phurdeb. Ac yn y bywyd hwnnw y mae ffyddlondeb priodasol yn beth hardd a chanmoladwy.

Cawn enghraifft o Iesu'n dod wyneb yn wyneb a godinebwraig yn Efengyl Ioan. Yn ôl yr hanes daethpwyd a gwraig at Iesu oedd wedi ei dal mewn godineb. Gofynnwyd iddo beth a ddylid ei wneud gyda hi. Pe bai wedi dweud, "lladdwch hi", byddent wedi bod yn euog ger bron yr awdurdodau Rhufeinig. Pe bai wedi gwrthod ei chosbi, byddent wedi ei gyhuddo o dorri cyfraith Moses. Ond roedd Iesu yn ddoeth a phlygodd gan ysgrifennu yn y llwch ar y llawr gan ddweud, *"Pwy bynnag ohonoch sy'n ddibechod, gadewch i hwnnw fod y cyntaf i daflu carreg ati."* Yn raddol aeth y dynion, a dywedodd Iesu wrth y wraig, *"Nid wyf fi yn dy gondemnio chwaith. Dos, ac o hyn allan paid â phechu mwyach."* (Ioan 8: 11) Nid oedd Iesu yn cytuno â'r hyn a wnaeth y wraig ond rhoddodd gyfle arall iddi i newid ei ffordd o fyw. Er bod godineb yn bechod difrifol iawn, y mae maddeuant i'r edifeiriol trwy Iesu.

Testun Trafod

1. Sut mae'r Cristion i wrthsefyll temtasiwn?

2. Ai agwedd hen ffasiwn yw'r agwedd Gristnogol tuag at briodas a rhyw? Oni ddylem symud ymlaen gyda'r oes gan fod yn fwy agored ein meddyliau?

Gwers 8 YSGARIAD (Mathew 5: 31-32)

Y mae tuedd ynom fel Cristnogion i geisio osgoi rhai pynciau oherwydd fod hynny yn haws na'u gwynebu a cheisio delio â hwy o safbwynt Gristnogol. Y mae hyn yn wir am ysgariad oherwydd ei fod yn bwnc anodd a dyrus a all beri anghyfforddusrwydd yng nghalon unigolion sydd wedi gwynebu'r profiad ac annifyrwch o fewn i Eglwys wrth ei drafod. Ond un o'r pethau a ddengys y bregeth ar y mynydd, yn anad dim, yw fod Cristnogaeth yn ymwneud â'n bywydau yn eu cyfanrwydd. Y mae Cristnogaeth yn berthnasol, yn gyfoes ac yn cynnig arweiniad clir ar bob rhan o'n bywydau hyd yn oed yn y pethau hynny nad ydym yn rhy hoff o sôn amdanynt ar goedd. Y mae adnodau 31 a 32, sy'n ymwneud ag ysgariad, yn dilyn yn naturiol o'r drafodaeth ar odineb gan fod yn ddau bwnc yn ymwneud â phriodas.

PRIODAS

Credaf cyn mynd gam ymhellach y byddai'n fuddiol pe baem yn ystyried beth yw'r ddysgeidiaeth feiblaidd ynglŷn â phriodas. (Gwaetha'r modd ni allwn wneud gwir gyfiawnder â'r testun.) Yn ôl y ddysgeidiaeth Gristnogol draddodiadol nid cynnyrch meddwl dynol yw priodas ond uniad a sefydlwyd gan Dduw. Yn Llyfr Gwasaneth yr Annibynwyr yn y rhagarweiniad i'r gwasanaeth priodasol dywedir, "Yn ôl yr Ysgrythur, sefydlwyd hi gan Dduw er cysur a buddioldeb i ddyn, fel y derbyniai'r naill gymorth a diddanwch gan y llall." Hefyd nodir fod y Beibl yn "cyffelybu'r undeb dirgel sydd rhwng Crist a'i Eglwys i undeb priodasol." Felly, y mae Duw wedi sefydlu, cadarnhau a chysegru y cyflwr priodasol. Wrth gwrs, dylid dweud nad yw Duw yn disgwyl i bawb briodi gan fod ganddo le a gwaith arbennig i bobl ddi-briod. Er nad oes, fel y cyfryw, ddiffiniad o briodas yn y Beibl, fe ystyrir y geiriau canlynol fel rhai allweddol, *"Dyma pam y bydd dyn yn gadael ei dad a'i fam, ac yn glynu wrth ei wraig, a byddant yn un cnawd."* (Gen. 2:24) Yng ngoleuni'r adnod hon felly, gallwn ddweud fod priodas yn bodoli yng ngolwg Duw pan mae dyn yn gadael ei rieni ac yn glynu wrth wraig gan ddod yn un cnawd. Golyga hyn fod un berthynas, sef y berthynas rhwng plentyn a'i rieni yn cael ei disodli gan y berthynas rhwng gwraig a gŵr. Y mae hon i fod yn berthynas sydd i barhau hyd oni wahaner hwy gan angau. Disgrifir nodwedd arbennig y berthynas gyda'r geiriau, "byddant yn un cnawd." Golyga hyn fod yr uniad cariadlawn, emosiynol, corfforol, cymdeithasol rhwng gŵr a gwraig yn fwy personol ac agos na'r uniad rhwng plentyn a'i rieni. Maentumia diwinyddion clasurol fod 3 prif reswm pan fod Duw wedi ordeinio priodas, sef, (Fe'i nodir yma nid yn ôl blaenoriaeth ond yn ôl trefn eu hymddangosiad yn Genesis.) 1. Cenhedlu. (Gen. 1: 28) Magu a meithrin plant o fewn teulu mewn awyrgylch o gariad a disgyblaeth 2. Er mwyn i'r ddau fod yn gymheiriaid i'w gilydd trwy gydol eu hoes yn caru a chynnal ei gilydd trwy aeafau a hafau bywyd. (Gen. 2:18) 3. Y mae priodas i fod yn ymrwymiad cyfartal o gariad anhunanol sy'n cael ei fynegi trwy gyfathrach. (Gen. 2:24) Cadarnhaodd Iesu y dylai priodas fod yn berthynas sefydlog trwy gydol ein hoes pan y dywedodd, *"Felly, yr hyn a gysylltodd Duw, ni ddylai dyn ei wahanu."* (Mathew 19:6) Galwodd ail-briodi ar ôl ysgariad yn odineb a dywedodd mai'r unig sail i ysgariad oedd godineb. (Gw. Math. 19.3-12; Deut. 24: 1-4) Gwelir dygeidiaeth Paul ar y pwnc hwn yn 1 Corinthiaid 7: 10-16. Wedi peth cefndir fel yna fe symudwn ymlaen i edrych ar y ddwy adnod sy'n destun i'r wers hon.

CAMDDEHONGLI (Ad.31)

Gwelwn eto fod Iesu yn awyddus i ddangos fod geiriau'r Gyfraith wedi eu camddehongli. Cyfeiriad sydd yma at ran o'r Gyfraith sydd i'w chael yn Deut. 24:1-4. Yn nyddiau'r Hen Destament ymagweddid tuag at ferched fel pobl is-raddol; yn fynych edrychwyd arnynt fel eiddo dynion. Hefyd credai llawer o wŷr ei fod yn gwbl dderbyniol i ysgaru eu gwragedd am y rhesymau mwyaf dibwys ac afresymol. O ganlyniad byddai llawer o wragedd yn cael eu taflu allan o'u cartrefi yn gwbl ddi-seremoni a thrwy hynny yn colli popeth. Fe roddwyd y Gyfraith i Moses, yn rhannol er mwyn ceisio lleihau y dryswch enbyd oedd yn y wlad mewn perthynas ag ysgaru. Gwnaeth y gyfraith hi'n llawer anoddach i ysgaru ac o ganlyniad roedd yr holl fân esgusodion a ddefnyddid yn gwbl ddiwerth. Yn ôl cyfraith Moses roedd yn rhaid i ddyn roi llythyr ysgar i'w wraig er mwyn gwarchod ei buddiannau. Dywedid yn y llythyr beth oedd y rheswm dros yr ysgariad gan bwysleisio nad godineb ydoedd. Oherwydd, fel y gwelsom, y gosb am odineb oedd llabuddio. Rhoddid y llythyr i'r wraig yng nghwmni dau dyst a thrwy'r broses hon dangoswyd fod ysgariad yn fater difrifol iawn, ac nid yn rhywbeth i'w gymryd yn ysgafn.

Gwaetha'r modd roedd y Phariseaid wedi newid y pwyslais gan or-bwysleisio'r llythyr ysgar. Dywedasant hwy, "os ydych am ysgaru eich gwraig, mae'n rhaid rhoi llythyr ysgar iddi. Peidiwch ag anghofio rhoi llythyr." Yr hyn a ddywedir yn Deut. 24 yw, *"Os bydd dyn wedi cymryd gwraig a'i phriodi, a hithau wedyn heb fod yn ei fodloni am iddo gael rhywbeth anweddus ynddi, yna y mae i ysgrifennu llythyr ysgar."* Yn ôl Iesu nid y llythyr oedd bwysicaf ond y rheswm am yr ysgariad, a'r unig reswm dros ysgaru oedd godineb.

PUTEINIO (Ad.32)

Pwysleisiai Iesu bwysigrwydd y stâd briodasol ac na ddylid ysgaru ond o ganlyniad i buteinio ac fe roddodd hyn yn y geiriau cryfaf posibl. *"Ond rwyf fi yn dweud wrthych fod pob dyn sy'n ysgaru ei wraig.........yn peri iddi odinebu."* h.y. Y mae dyn/dynes wrth ysgaru yn rhoi'r llall mewn sefyllfa i odinebu. (Gw. Marc 10:2-10.) Unwaith eto y mae Iesu yn dwysáu'r gyfraith ac yn dangos ei gwir ystyr, ac wrth ymdrin â pherthynas gwraig a gŵr dylid ceisio pob ffordd i osgoi tor-priodas. Ond y mae cryn drafod wedi bod ar y cymal, *"ar wahân i achos o buteinio."* Beth yw union ystyr hyn oherwydd ym Meibl yr Esgobion dywedir, "ond yn achos godineb"?

1. Honnodd rhai nad geriau Iesu oedd rhain gan nad ydynt yn yr adrannau cyfatebol yn Marc a Luc. Dadl ddi-fudd yw hon bob amser oherwydd gellir dwneud hyn am rannau helaeth o'r Beibl.

2. Y gair Groeg yn y fan hon yw "porneias" sy'n golygu

anniweirdeb sef anfoesoldeb rhywiol. Dywed rhai bod y gair hwn yn cyfeirio at un pechod neilltuol yn unig, sef godineb. Dywed eraill bod y gair hwn yn fwy cyffredinol yn ei ystyr a'i fod yn cynnwys pethau fel creulondeb.

3. Dadleua eraill nad oedd Iesu'n dysgu bod yn rhaid ysgaru os oedd cymar yn anffyddlon. I'r gwrthwyneb roedd ei holl bwyslais ar y ffaith fod priodas yn gyflwr parhaol.

Un peth sy'n sicr yw fod ysgariad wedi dod yn beth rhwydd a chyffredin iawn yn ein cyfnod ni a'i fod ym meddwl rhai ar ddydd eu priodas fel dihangfa os y bydd pethau yn mynd o chwith. Aeth addunedau llawer yn ddi-werth gan nad ydynt yn eu cymryd o ddifrif yn y lle cyntaf. Daeth tro ar fyd ac erbyn hyn y mae'r rhai sy'n credu mewn sancteiddrwydd priodas yn y lleiafrif. Yr arfer cymdeithasol derbyniol erbyn hyn yw fod pobl yn "byw talu" yn hytrach na phriodi. Er y newid hwn, neu efallai o'i blegid, y mae'n hanfodol fod pob Cristion yn cymryd priodas o ddifrif gan sylweddoli ei fod yn batrwm a sylfaenwyd gan Dduw er ein lles. Ac fel patrwm y mae'n hanfodol ar gyfer iechyd cymdethasol a theuluol. Ond ar yr un pryd sylweddolwn, fel Cristnogion, ein bod yn byw mewn byd amherffaith lle y mae tyndra parhaus rhwng y Gyfraith a gras, tystiolaeth a chydymdeimlad, pregethu'r gair a gweinidogaeth fugeiliol. O ganlyniad i hynny rhaid ymateb i bobl sy'n gwynebu tor-priodas gydag addfwynder, cydymdeimlad a gras.

Testun Trafod

1. A yw'n iawn i bobl gyd-fyw yn hytrach na phriodi?

2. Y mha ffyrdd gall yr eglwys gadarnhau priodas a bywyd teuluol?

3. A yw priodas wedi darfod fel patrwm cymdeithasol?

TACHWEDD — UNDOD YNG NGHRIST

Gwers 9

Yn un yng Nghrist.
(Effesiaid 2: 11-22)

Cefndir: Ceir hanes Paul yn efengylu a chyhoeddi'r Efengyl yn Effesus a'r cynnwrf dilynol yn Llyfr yr Actau pennodau 18-19. Cyfeirir hefyd at eglwys Effesus yn Llyfr Datguddiad 2:1-7. Effesus oedd y ddinas bwysicaf yn nhalaith Rufeinig Asia. Safai ar arfordir gorllewinol Twrci ond nid oes dim ond adfeilion yno erbyn hyn, "mieri lle bu mawredd". Bu yn borthladd prysur yn ei ddydd ond bellach, oherwydd gwaddodi, mae'r môr oddeutu 7 milltir i ffwrdd. Yno yr oedd teml i dduwies ffrwythlondeb a elwid yn Artemis (Groeg) a Diana (Lladin). Yn ôl yr ysgolheigion beiblaidd fe ysgrifennwyd yr Epistol hwn gan Paul rhwng 61 a 63 O.C., pan oedd yr Apostol dan gaethiwed yn Rhufain. Y mae ef ei hun yn crybwyll hynny yn y llythyr.

Yn ôl pob sôn yr epistol hwn oedd ffefryn John Calvin ac fe ddywedodd William Barclay mai hwn oedd Brenin yr Epistolau. Rhaid cydnabod bod y llythyr hwn yn un godidog, ac ni all unrhyw Gristion ei ddarllen heb gael ei herio a'i ysgogi i blygu mewn mawl i Dduw. Plethwaith ydyw o athrawiaeth a dyletswyddau Cristnogol; o'r hyn y mae Duw wedi ei wneud trwy'r Arglwydd Iesu; o'r hyn y mae'n parhau i'w wneud trwy'r Ysbryd Glân ac o'n dyletswydd ninnau fel credinwyr. Brodwaith ydyw a'r gwehydd yw Paul dan arweiniad yr Ysbryd. Ynddo ceir Paul dan ddylanwad yr Ysbryd Glân yn cyrraedd uchafbwyntiau mynegiant ysbrydol a chyngor cwbl ymarferol ynglŷn â bywyd Cristnogol beunyddiol. Ysgrifennodd y llythyr hwn i fynegi ei foddhad gyda'r ffydd Crist ganolog a nodweddai'r Cristnogion yn Effesus a'u cariad amlwg at eu cyd-Gristnogion. Yn wir, y mae yn grynhoad rhagorol o'r newyddion da Cristnogol ac o'i oblygiadau pellgyrhaeddol. Ynddo gwelir gwaith Duw yn cael ei gyflawni trwy'r Eglwys. Gellir rhannu'r llythyr hwn yn fras fel a ganlyn:

Bywyd newydd yng Nghrist. (1 - 2:10)
Cymdeithas newydd trwy Grist. (2:11-3:21)
Safonau newydd trwy Grist. (4:1-5:21)
Perthynas Newydd yng Nghrist. (5:21-6:24)

CYMDEITHAS NEWYDD.

Yn yr adran hon felly yr ydym yn ymwneud â'r gymdeithas newydd a grëir trwy Grist. Ar ddechrau'r bennod hon (2:1-10) cyfeiria Paul at gyflwr y ddynoliaeth gyfan heb Grist a'i dieithrwch mewn perthynas â Duw, ond yma yn adnod 11 try at yr hyn oedd y cenhedloedd heb Grist. Er mwyn deall y geiriau hyn yn iawn mae'n rhaid cyfeirio eto at y cefndir. Yn nyddiau'r Hen Destament yr oedd y bwlch rhwng yr Iddewon a'r cenhedloedd yn enfawr. Credai'r Iddewon eu bod yn bobl neilltuedig, yn blant i Abraham, a fod pob cenedl arall yn israddol iddynt. Ystyrid y cenhedloedd gan yr Iddewon yn bobl aflan y dylid eu osgoi. Yr oedd ymgysylltu â'r cenhedloedd yn eu halogi. (Gw. Ioan 18:28) Yn yr un modd yr oedd y cenhedloedd yn casáu Iddewon gan eu hystyried yn elynion dynolryw. Yn yr adnodau hyn mae Paul yn cyfeirio yn benodol at genedl-ddynion, (h.y. pob person nad ydyw yn Iddew) pobl a elwid gyda dirmyg yn ddienwaededig gan Iddewon o'r iawn ryw. (Enwaedu yw torri blaengroen gwryw.) Rhoddwyd enwaediad - fel y gwelsom - gan Dduw i Abraham a'i ddisgynyddion fel arwydd gweledig fod person o fewn i gyfamod ei bobl. Yr oedd y cenhedloedd felly o dan anfantais mawr. Cyfeirir yma at rai o'r anfanteision; roeddent; 1. Heb Grist. 2. Yn ddieithriaid i ddinasyddiaeth Israel. 3. Yn estroniaid i'r cyfamodau a'u haddewid. 4. Heb obaith. 5. Heb Dduw. O ganlyniad yr oeddent yn bell iawn oddi wrth Dduw. Gwnaeth Duw addewid y byddai'n bendithio cenedl Israel mewn modd arbennig, ond nid oedd gan y Cenhedloedd yr un addewid. (Gw.Gen. 12:2; 13:14; 15:1; 17:1.) Golyga hyn fod y cenhedloedd oedd heb Grist yn gwbl ddi-obaith. Y mae hyn yn tanseilio'r syniad sydd gan rai fod pob crefydd yn gyfartal ac yn arwain i'r un man terfynol. Dysg y Beibl mai dim ond yn Iesu y mae gobaith ac nad oes gwarediaeth ar wahân iddo Ef. Un peth sy'n sicr yw fod yn rhaid i Gristnogion gredu fod y genadwri sydd ganddynt yn holl-bwysig. (Gw.Rhuf 3:11) Cofiwch, meddai Paul am y pethau hyn.

Onid dyma ein cyflwr ni heb Iesu? Onid dyma gyflwr ein byd heddiw heb Grist? Er fod dynoliaeth a chymdeithas yn honni datblygiadau mawr, y mae casineb a gelyniaeth mor amlwg ag erioed. Wrth i mi ysgrifennu'r geiriau hyn y mae byddin Serbia wrthi yn llofruddio a threisio trigolion Cosofo. Mewn llawer gwlad y mae cenhedloedd yn ceisio dinistrio cenhedloedd eraill a gwahanfuriau economaidd, hiliol, diwylliannol yn cael eu codi. Y dieithrwch hwn yw gwreiddyn hiliaeth. Sut mae ei oresgyn?

CYMOD. (AD.13-18)

Yma disgrifir pa fodd y mae Duw yn goresgyn y rhwygiadau a'r dieithrwch mawr sy'n ein byd a hynny trwy Iesu Grist a'i groes. Ef yw ein heddwch ni, meddai Paul. Ef yw'r un sy'n dod a'r ddwy ochr at ei gilydd gan eu huno yn Nuw. Y rhai pell yw'r cenhedloedd, y rhai agos yw'r Iddewon. Gwnaeth hyn trwy chwalu'r canolfur o elyniaeth oedd yn eu gwahanu a thrwy hyn gwneir y rhai pell yn agos.

Y mae'r geiriau "canolfur o elyniaeth" yn rhai arwyddocaol iawn, oherwydd yn nheml Herod yn Jerusalem yr oedd mur a wahanai Gyntedd y Cenhedloedd oddi wrth weddill y Deml ac ar y mur yr oedd arysgrif yn gwahardd mynediad cenedl-ddynion. Er na chwalwyd y mur hwn yn llythrennol hyd ddyfodiad llengoedd Rhufain yn 70 O.C., yn ysbrydol fe'i drylliwyd pan fu farw Crist ar y groes.

Testun Trafod

1. Rhoddwyd Paul yn y carchar am ddilyn Iesu Grist. A fyddai digon o dystiolaeth i'ch carcharu chi am yr un peth?

2. Sut y gallwn ni fynd i'r afael a thensiynau hiliol yn ein cymdeithas?

Gwers 10 DIRYMU'R GYFRAITH (Effesiaid 2: 15-16)

Ond gofynnwn yn awr sut y digwyddodd hyn? Sut yr oedd marwolaeth Iesu ar Galfaria yn chwalu'r elyniaeth rhwng Iddewon a'r cenhedloedd a rhwng dyn a Duw? Cawn yr ateb yn adnodau 15 ac 16. Gwnaeth hyn mewn tair ffordd.

1. DIRYMODD Y GYFRAITH. (Ad.15A)

Dywed Paul fod Iesu wedi dirymu'r *"Gyfraith, a'i gorchmynion a'i hordeiniadau."* Nid ystyr hyn yw fod Iesu wedi dileu'r Gyfraith a roddwyd gan Dduw i Moses ar fynydd Sinai, (E.e., y deg gorchymyn) oherwydd fel y gwelsom yn gynt yn y gyfrol hon dywedodd Iesu yn gwbl glir yn y bregeth ar y mynydd, *"Peidiwch a thybio i mi ddod i ddileu'r Gyfraith na'r proffwydi."* (Math. 5:17*)* Yr hyn a ddigwyddodd oedd y cyflawnodd Iesu holl ofynion y Gyfraith foesol, trwy gyfrwng ei fywyd perffaith ufudd a'i farw aberthol yn cymryd cosb ein hanufudd-dod ar ei ysgwyddau ef ei hun. Fel y sylwodd William Williams;

"Fe roes ei ddwylo pur ar led,
Fe wisgodd goron ddrain,
Er mwyn i'r brwnt gael bod yn lân
Fel hyfryd liain main."

Yn ogystal â hyn ar y groes cyflawnodd holl ordeiniadau a chysgodion y gyfraith seremonïol Iddewig. O ganlyniad dilewyd gofynion y gyfraith seremonïol a oedd wedi bod yn gymaint o rwystr. (e.e., y rheolau yn ymwneud ag ymolchi, ymprydio, bwydydd, rheolau am y Sabath ymhlith llawer o rai eraill. Gwelir rhain yn llyfr Lefiticus.) (Gw. Col.2:14) Trwy iddo gyflawni'r gyfraith foesol dileodd ei melltith hithau fel bod gan bawb fynediad at Dduw trwy ras. (Gw. 2 Cor. 3:6-15.) Canlyniad ei waith yw mae bwrdwn yr Efengyl yw *"Trwy ras yr ydych wedi eich achub, trwy ffydd. Nid eich gwaith chwi yw hyn; rhodd Duw ydyw; nid yw'n dibynnu ar weithredoedd, ac felly ni all neb ymffrostio."* (Effesiaid 2:8,9)

Golyga hyn hefyd bod ufudd-dod i'r Gyfraith fel moddion iachawdwriaeth wedi peidio er bod y Gyfraith fel sylfaen ymddygiad yn parhau. Fe'n gwneir yn dderbyniol ger bron Duw yn unig trwy ffydd yn y Crist croeshoeliedig. Oherwydd hyn y mae pawb sy'n credu yn Iesu yn ddi-wahân ar yr un gwastad ger bron Duw ac fe'n hunir gan y ffaith mai'r unig ffordd at y Tad yw Iesu Grist.

2. CREODD UN DDYNOLIAETH NEWYDD. (Ad 15B)

Chwalwyd y mur hefyd trwy i Grist greu dynoliaeth newydd. Creodd undod ysbrydol a moesol ynddo ef ei hun. Y mae'r undod hwn yn pontio llawer mwy na'r agendor rhwng yr Iddewon a'r cenhedloedd. Pontia hefyd wahaniaethau hiliol, diwylliannol, rhywiol, ieithyddol a chymdeithasol. (Gw. Col 3:11; Gal 3:28) Wrth gwrs nid dileu gwahaniaethau y mae'r undod yng Nghrist ond eu hatal rhag bod yn feini tramgwydd sy'n ein gwahanu. Yng Nghrist cleddir esgyrn cynhenau un waith ac am byth fel nad ydynt bellach yn peri gwrthdaro. Gellir gwahaniaethu rhwng Cristnogion ond ni ellir eu gwahanu. Y mae R. Kent Hughes yn cyfeirio yn ei esboniad ar yr Effesiaid at Esgob John Reed (J.R.) fu'n gyrru bws ysgol yn Awstralia am gyfnod. Byddai'n fynych yn cario plant gwyn ac Aborijinis ar yr un bws. Yn aml byddai dadlau a gwrthdaro yn digwydd rhyngddynt. Un diwrnod, wedi cael llond bol ar hyn, stopiodd y bws a gofynnodd wrth y plant gwyn, "Pa liw ydych chi?", "Gwyn," meddent. Yna dywedodd J.R., "Na! Gwyrdd yda chi. Mae pob plentyn sydd yn dod ar fy mws i yn wyrdd. Pa liw ydych chi?" "Gwyrdd," atebasant. Yna gofynnodd i'r Aborijinis, "Pa liw ydych chi," "Du," meddent fel côr. "Na! meddai J.R., "Gwyrdd yda chi. Mae pob plentyn sydd yn dod ar fy mws i yn wyrdd. Pa liw ydych chi?" "Gwyrdd" meddai'r Aborijinis. Credai'r gyrrwr fod hyn wedi torri'r ddadl oedd rhyngddynt. Ond rhai milltiroedd yn bellach ar y daith gwaeddodd bachgen o'r cefn, "Iawn, gwyrdd golau yr ochr yma, gwyrdd tywyll yr ochr draw." Roedd gan yr Esgob Reed y syniad cywir. Yr hyn oedd ei angen oedd cenedl arall, y gwyrddion oedd yn cynnwys plant o bob lliw, ond ni allai wireddu ei freuddwyd. Ond dyna'n union a wnaed gan Iesu, *"creu un ddynoliaeth newydd ynddo ef ei hun."*

3. CYMODODD YR IDDEWON A'R CENHEDLOEDD. (Ad. 16)

Chwalodd y mur hefyd trwy uno'r cenhedloedd a'r Iddewon. O hyn allan gallai'r Cristion ddweud wrth Iddew a chenedl ddyn, *"Cred yn yr Arglwydd Iesu, ti a'th deulu."* (Actau 16:31) Dim ond pan mae pobl yn cael eu cymodi gyda Duw trwy'r groes y lleddir pob gelyniaeth rhyngddynt gan eu gwneud yn un. Syrthiodd y mur a dirfawr fu ei gwymp. Mae'r cymod hwn yng Nghrist yn gymod cyflawn sy'n torri'r elyniaeth rhwng dynoliaeth a Duw, rhwng Iddewon a chenhedloedd a rhwng cenhedloedd a'i gilydd.

"Nid oes yng Nghrist, orllewin, de,
Na gogledd, dwyrain chwaith,
Ond un gymdeithas cariad Duw
Ar draws y ddaear faith."

Eto rhaid pwysleisio ei fod yn gymod cyfyngedig i bawb sy'n credu yng Nghrist, nid un sy'n weithredol i bawb yn ddi-amod.

Y mae'r Efengyl yn cyhoeddi heddwch i fyd sy'n cael ei rwygo o hyd gan ryfel a thrais; yn cyhoeddi heddwch i bobl sy'n cael eu niweidio gan raib a chamdriniaeth greulon. Oherwydd heddwch yw hwn sy'n seiliedig nid ar ein hamgylchiadau ond ar gariad Duw yn Iesu. (Gw. Ioan 14:12)

Ond nid cyfeirio at Iddewon a'r cenhedloedd yn unig a wna'r efengyl ond at bob dau sy'n cael eu gwahanu gan fur o elyniaeth. Gŵr a gwraig, plentyn a rhiant, carfanau o fewn i'n cymunedau, dosbarthiadau o wahanol hil. Er mwyn i bawb o'r rhain brofi heddwch rhaid iddynt ddod i blygu wrth draed Iesu, ac ildio i'r cariad sy'n gallu toddi'r galon galetaf. Yr hyn sy'n wrthyn yn ein byd yw gweld rhai pobl yn defnyddio enw Iesu fel gwahanfur i gadw pobl oddi wrth ei gilydd. Gwelwyd hyn yn y berthynas fu yn y gorffennol rhwng Catholigion a Phrotestaniaid a'r sefyllfa drist yng Ngogledd Iwerddon.

Pan mae person yn dilyn Iesu, dileir y pethau hynny a fy gynt yn peri casineb tuag at eraill, e.e., cenfigen, rhagfarn, eiddigedd, balchder, hiliaeth, cariad at eiddo ac arian. Nid yw'r pethau a fu gynt yn destun casineb yn peri hynny mwyach. Daeth Crist a deinameit cariad dwyfol i chwalu mur gelyniaeth a'i chwythu i ebargofiant. Ac mae'r rhai a fu gynt yn casáu ei gilydd yn rhedeg trwy'r mur i gofleidio ac ysgwyd llaw a byw fel cyfeillion. Fe barodd dryllio wal Berlin lawenydd mawr, fe ddylai'r ffaith fod Crist yn alluog i ddryllio pob mur o elyniaeth greu llawenydd mwy.

Testun Trafod

1. Ai breuddwyd ffantasiol yw meddwl am fyd heb ryfel a gwrthdaro, yntau a ydyw yn bosibl?

2. Onid yw'r ddysgeidiaeth hon yn Effesiaid yn dangos mai dim ond un eglwys ddylai fod yng Nghymru?

3. Dylai Cristnogion Saesneg a Chymraeg eu hiaith addoli ar y cyd. Trafodwch.

Gwers 11 Y GYMDEITHAS NEWYDD (1) (Effesiaid 2: 19, 20)

Terfyna'r adran hon gyda disgrifiad godidog o'r gymdeithas newydd a greir yng Nghrist Iesu. Nid addasiad yw hon o gymdeithas arall, ond creadigaeth newydd o waith cariad Duw yn Iesu Grist. Y mae iddi nodweddion unigryw yn hanes dynoliaeth, egwyddorion bendigedig a chymhellion aruchel i'w byw a'i bod. Y gymdeithas newydd wrth gwrs yw'r Eglwys yn ei holl ogoniant. Wrth ei disgrifio fe gychwynna Paul gyda gosodiad negyddol sef, *"Nid dieithriaid ac estroniaid ydych mwyach."*

Fel y gwelsom yn yr adnodau blaenorol bu'r Iddewon a'r cenhedloedd yn ddieithr iawn i'w gilydd, heb fawr gysylltiad na chariad rhyngddynt. Ac y mae dieithrwch yn nodwedd o'n cymdeithas fodern yn enwedig mewn trefi a dinasoedd a hyd yn oed yn y wlad erbyn hyn. Y mae pobl yn byw yn yr un pentrefi a threfi ond heb unrhyw fath o gyfathrach rhyngddynt. Maent yn byw yn eu cylchoedd ynysig eu hunain heb ymwneud â chymdogion. Fe'n rhennir yn ddosbarthiadau cymdeithasol economaidd a hybir unigolyddiaeth a hawliau'r unigolyn ar drael popeth arall. Yn sicr, yn ein cymunedau y mae llawer yn teimlo'n ddieithriaid, yn ifanc a hen teimlant yn unig a di-obaith. Y mae llawer sydd yn byw mewn ofn o ddydd i ddydd oherwydd drwgweithredu neu broblemau cyffuriau yn y gymuned neu amharch gan lafnau ymosodol. Er fod technoleg fodern yn hwyluso bywyd yn fawr y mae tuedd ynddo i gadw pobl oddi wrth ei gilydd. Lle gynt roedd yn rhaid cymdeithasu er mwyn gweld drama neu gêm rygbi, gwrando ar gôr neu gerddorfa, y mae'n bosibl gwneud popeth trwy wasgu botwm erbyn hyn. Y mae llawer heddiw yn teimlo nad ydynt yn perthyn i neb na dim ac y maent yn ddieithr iawn i bethau Duw. Newyddion da felly yw fod Iesu yn atal pobl rhag bod yn ddieithriaid ac estroniaid. Fe â Paul yn ei flaen i ddisgrifio y gymdeithas newydd gan roi darlun driphlyg ohoni. Y mae'r gymdeithas newydd yn debyg i ddinasyddiaeth, teulu a theml.

1. TEYRNAS/DINAS DUW

"Nid estroniaid a dieithriaid ydych mwyach, ond cyd-ddinasyddion â'r saint." (ad. 19a) Yn y Groeg mae i'r gair "estron" ystyr arbennig. Golyga berson sy'n ymweld a gwlad ddieithr, "Visitiors" chwedl Ifans y Tryc. Fel arfer fe gyfeiria at bobl o genedl wahanol sy'n ymweld â gwlad arall, ac felly'n gwbl anghyfarwydd ag arferion, traddodiadau a iaith y wlad honno. Yng nghyfnod Paul nid oedd gan estroniaid a ymwelai am gyfnod byr, yr un hawliau a'r brodorion. Nid oedd ganddynt hawl i wneud dim yn gyhoeddus, llenwi swydd gyhoeddus, pleidleisio nac ymyrryd mewn unrhyw fodd â'r wladwriaeth. Nid oeddent ychwaith yn cael cychwyn busnes. Ond yr oedd gan ddinesydd hawliau arbennig. Roedd ef yn cael pleidleisio a chymryd rhan lawn ym mywyd y ddinas ac hefyd, wrth gwrs, roedd yn cael ei amddiffyn gan gyfreithiau'r ddinas. Yn yr ystyr hwn y dywedai Paul wrth Gristnogion Effesus, nid estroniad ydych mwyach ond cyd-ddinasyddion â'r saint. Oherwydd eu bod wedi derbyn Iesu fel Arglwydd yr oeddynt yn ddinasyddion o ddinas Duw. Yn sgîl hyn y mae i ddinesydd Cristnogol freintiau a chyfrifoldebau arbennig, y mae ganddo ddinasyddiaeth yn nheyrnas Dduw, Iesu'n Arglwydd, iachawdwriaeth gyflawn, maddeuant ac arweiniad yr Ysbryd Glân, ymhlith llawer o bethau eraill.

2. TEULU DUW

"......ac aelodau o deulu Duw." (ad. 19b) Ond er mwyn cyfleu y gymdeithas newydd yn gliriach fe ddefnyddir hefyd y darlun o deulu. Nid dieithriaid ydych ond teulu Duw, y gair dieithriaid yn cyfleu chwalfa a'r gair teulu yn cyfleu undod. Ystyr dieithriaid yma yw pobl sy'n aros dros nos yng nghartref rhywun arall. Mae hyn yn digwydd yn aml adeg Eisteddfod yr Urdd a'r Eisteddfod Genedlaethol lle y bydd llawer yn aros mewn cartrefi cyfagos. Pan wnânt hyn dieithriaid ydynt ar aelwydydd. Gellir rhoi croeso mawr i'r cyfryw rai a dweud wrthynt am fod yn gwbl gartrefol a dweud, "gwewch fel tasa chi gartref." Ond trwy'r cwbl dieithriaid ydynt. Nid ydym am roi yr un hawliau iddynt hwy a roddwn i'n teulu ein hunain. Nid ydych am adael eich etifeddiaeth iddynt yn eich

ewyllys. Nid ydych am rannu dwys feddyliau a chyfrinachau eich calon gyda hwy. Pam? Oherwydd mai dieithriaid ydynt. Yn y cyd-destun hwn y dywedai Paul wrth Gristnogion Effesus nad dieithriaid oeddent, ond aelodau o deulu Duw. Ac y mae'r gair teulu yn gyforiog o ystyron.

Mewn teulu, y mae pawb yn perthyn i'w gilydd un ai trwy waed neu trwy fabwysiad. Mae Cristnogion yn perthyn i'w gilydd trwy waed a mabwysiad. Trwy waed Iesu yr ydym yn frodyr a chwiorydd i'n gilydd a thrwy fabwysiad y mae Duw yn riant dwyfol arnom. O fewn teulu y mae pawb yn adnabod ei gilydd yn dda. Gwyddom am gryfderau a gwendidau ein gilydd, gwyddom am y pethau sy'n ein llonni a'n digalonni. O fewn teulu gallwn ymddiried yn ein gilydd a dibynnu ar ein gilydd. Felly yn union y dylai fod yn nheulu Duw. O fewn i'n heglwysi lleol rhaid meithrin yr ymwybyddiaeth hwn o deulu. Cofiaf fynd ar y Metro - y rheilffordd danddaearol ym Mharis - un tro. Roedd y trenau yn llawn a llawer o bobl arnynt ond nid oedd neb yn cyfarch ei gilydd nac yn dal llygaid ei gilydd, yr unig beth oedd yn gyffredin rhyngom oedd ein bod yn mynd i'r un man. Gall eglwys fod fel hyn, yn oeraidd ac amhersonol, a'r unig beth sy'n gyffredin rhwng yr aelodau yw y tybiant eu bod yn mynd i'r un man. Ond nid felly y dylai fod. Teulu Duw yw'r eglwys ac y mae hyn yn cyfleu ymdeimlad o agosatrwydd cariadus, cyfeillgarwch clòs a chonsyrn am fuddiannau ein gilydd.

Testun Trafod.

1. Ym mha ffordd y gallwn fel eglwysi gynorthwyo y rhai sy'n teimlo fel dieithriaid yn ein cymdeithas?

2. Sut y gallwn feithrin ymdeimlad o deulu yn ein heglwys? Rhowch awgrymiadau ymarferol.

Gwers 12 Y GYMDEITHAS NEWYDD (2) (Effesiaid 2: 20-22)

3. TEML DDUW. (Ad. 20-22)

Y mae'r darlun olaf hefyd yr un mor drawiadol sef mai teml sanctaidd yw'r gymdeithas newydd. Y mae'n amlwg fod gan Paul ddiddordeb mewn pensaernïaeth yn ogystal â mabolgampau. (Gw. 1 Cor. 9:26; Phil. 3:10; 1 Tim. 4:8) Roedd hwn yn ddarlun byw i ddarllenwyr y llythyr a hynny oherwydd o leiaf dau reswm. Yn gyntaf, bu'r deml yn Jerusalem, yn ganolbwynt addoliad a hunaniaeth cenedl Israel am yn agos i fil o flynyddoedd. Yn ail, yn Effesus yr oedd Teml Artemis - duwies y lleuad a hela y Groegiaid - un o saith rhyfeddod y byd. Dywedid y cynhelid y deml gan gant o golofnau enfawr, rhai ohonynt wedi eu cerfio'n gywrain. Yn ôl traddodiad syrthiodd delw o Artemis o'r awyr - awyrfaen o bosib - a gosodwyd hwnnw yn y deml (Actau 19:35). O ganlyniad, gwyddai Cristnogion Effesus yn union beth oedd teml ac roedd y disgrifiad hwn yn berthnasol iddynt. Ymhelaetha Paul ar y darlun hwn trwy gyfeirio at y sylfeini a'r conglfaen, ei strwythur cyfan a'r cerrig unigol.

a. Sylfeini: Gan fod yr apostiolion a'r proffwydi yn bobl oedd yn hyfforddi a dysgu eraill y mae'n amlwg mai'r ystyr yma yw mai eu hyfforddiant, - yr hyn a ddysgid ganddynt - oedd sylfeini'r eglwys ac nid eu swyddi. Wrth ddefnyddio'r gair apostolion cyfeirir yma at gylch bychan o bobl a ddewisodd Iesu, ac a fu'n dystion i'w atgyfodiad, y 12 disgybl, Paul, Iago ac efallai un neu ddau o rai eraill, ac nid cenhadon neu rai a sefydlai eglwysi newydd. Mae'r gair proffwydi yma hefyd yn cyfeirio yn bennaf nid at broffwydi'r Hen Destament ond at athrawon ysbrydoledig a ddysgai air Duw. Golyga hyn yn y diwedd fod yr eglwys yn seiliedig ar Ysgrythurau'r Testament Newydd.

b. Conglfaen. Y conglfaen oedd y garreg bwysicaf un yn y sylfeini, oherwydd bod yr holl gerrig eraill yn pwyso ar hwn. Yn y deml yn Jerusalem yr oedd conglfeini enfawr, dywedir bod un ohonynt 12 medr o hyd. Y mae cadernid yr adeiladwaith yn dibynnu ar hwn. Ar ddiwedd dameg y winllan a'r tenantiaid y mae Iesu yn dyfynnu o Salm 118:22 gan gyfeirio ato ef ei hun fel, *"Y maen a wrthododd yr adeiladwyr, hwn a ddaeth yn faen y gongl; gan yr Arglwydd y gwnaethpwyd hyn, ac y mae'n rhyfeddol yn ein golwg."* (Math 21:42) Hefyd proffwydodd Eseia, *"Wele fi'n gosod maen yn Seion, conglfaen etholedig a chlodfawr, a'r hwn sy'n credu ynddo, ni chywilyddir mohono."* (Eseia 28:16) Daw geiriau olaf emyn fawr Eben Fardd (Ebenezer Thomas, 1802-1863) i'r meddwl,

"Pwyso ar hawddfyd - hwnnw'n siglo,
Profi'n fuan newid byd:
Pwyso ar Iesu - dyma gryfder
Sydd yn dal y pwysau i gyd."

c. Meini: Yn Iesu y mae'r credinwyr yn cael eu hadeiladu ac yn cyd-gloi yn ei gilydd, y mae perthynas arbennig rhyngddynt, a chyn belled a'u bod yng Nghrist y maent yn gryf a chadarn. Mewn darlun cyffelyb dywed Pedr, *"Wrth ddod ato ef, y maen bywiol, gwrthodedig gan ddynion ond etholedig a chlodfawr gan Dduw, yr ydych chwithau hefyd, fel meini bywiol, yn cael eich adeiladu yn dŷ ysbrydol."* (1 Pedr 2: 4, 5) Y mae lle i bob crediniwr yn yr adeiladwaith ac y mae cyfraniad pob unigolyn i waith y deyrnas yr un mor bwysig. Pobl yw'r eglwys nid adeilad ac yn ôl y darlun hwn pobl yw deunydd crai adeilad yr Eglwys. Roedd brenin Sparta un tro yn brolio rhinweddau muriau cadarn Sparta i ymwelydd. Edrychodd yr ymwelydd o'i gwmpas ac ni allai weld unrhyw furiau. Gofynnodd wrth y brenin, "Ble mae'r muriau hyn yr wyt yn ymddiried cymaint ynddynt?" Pwyntiodd y brenin at y milwyr oedd yn eu hebrwng gan ddweud, "Rhain yw muriau Sparta, a phob un ohonynt fel carreg yn y mur." Mae'r wers yn ddigon amlwg, os yw carreg ar ei phen ei hun y mae'n ddiwerth a difudd. Dim ond pan mae'n dod yn rhan o adeilad y gwelir ei gwerth. Felly gyda'r Cristion pan y mae ar ei ben ei hun y mae'n wan, ond pan mae'n rhan o'r eglwys gwelir ei bwrpas a'i werth. Ar wyneb capel

Ebeneser, Heol Siarl, Caerdydd, y mae brithwaith o gerrig amrywiol. Dywedid bod y pensaer R.G.Thomas ym 1855 wedi ysgrifennu at arweinyddion cenhedloedd byd yn gofyn am garreg o'u gwlad. Gosodwyd y cerrig ar flaen y capel yn arwydd o arglwyddiaeth Duw dros yr holl cenhedloedd.

Ond beth yw pwrpas y deml hon? *"I fod yn breswylfod i Dduw yn yr Ysbryd,"* meddai'r Apostol Paul. Dywedid bod pedair nodwedd arbennig i deml Solomon.

1. Yno yr oedd Duw yn bresennol.
2. Roedd wedi ei neilltuo i Dduw.
3. Yno y cedwid gorchmynion Duw.
4. Yr oedd yn hardd.

Ac fel hyn y mae'r eglwys Gristnogol yn breswylfod ysbrydol i Dduw, lle y mae calonnau wedi eu neilltuo i'w addoli a'i wasnaethu a bywydau wedi eu cysegru i ufuddhau i'w orchmynion a thrwy ei gariad Ef yn cael eu harddu a'u prydferthu.

"Boed fy nghalon iti'n demel,
Boed fy ysbryd i ti'n nyth,
Ac o fewn i'r drigfan yma
Aros, Iesu, aros byth,
Gwledd wastadol
Fydd dy bresenoldeb im."

Dyma'r ddelfryd odidog sydd wedi ei gosod ger ein bron, yr hyn sy'n anodd yw ei chymhwyso'n ymarferol i'n heglwysi a'n profiad ni ein hunain fel Cristnogion. Dyma nod i ni cyrchu tuag ato. O ganlyniad i waith achubol Iesu nid dieithriaid ac estroniaid ydym ond cyd-ddinasyddion, aelodau o deulu Duw, a theml o waith ei ddwylo. Yn wir byddai ymgyrraedd at y darlun hwn o'r eglwys yn gwneud byd o wahaniaeth yn ein cymdeithas fewnol ac yn ein tystiolaeth i'r byd allanol.

Testun Trafod

1. Beth fyddai eich ymateb pe bai'r diaconiaid/blaenoriaid yn

awgrymu y dylid tynnu eich capel i lawr a'ch bod yn addoli mewn canolfan hamdden? A yw ein capeli wedi mynd yn rhy bwysig yn ein golwg?

2. Pobl yw eglwys nid adeilad. Trafodwch.

RHAGFYR GWEINIDOGAETH I'R CENHEDLOEDD

Gwers 13 DIRGELWCH CRIST

(Effesiaid 3:1-13)

"O! Iachawdwriaeth gadarn,
O! Iachawdwriaeth glir,
Fu dyfais mo'i chyffelyb,
Erioed ar fôr na thir,
Mae ynddi rhyw ddirgelion,
Rhy ddyrus ynt i ddyn,
Ac nid oes all ei datrys
Ond Duwdod mawr ei hun."

William Williams.

Yn yr adnod gyntaf o'r bennod hon y mae Paul yn dweud ei fod yn offrymu gweddi dros y Cenhedloedd. Ond nid yw'n cyrraedd y weddi hyd y bedwaredd adnod ar ddeg. O'r ail adnod hyd y drydedd-ar-ddeg y mae fel petai yn cael ei gario ar adenydd datguddiad yr Ysbryd Glân er mwyn esbonio yn benodol y cyfrifoldeb arbennig a roddwyd arno ef i fod yn apostol i'r cenhedloedd. Hefyd yn yr adnod gyntaf fe fynega'r ffaith ei fod yn garcharor Iesu Grist. Pan gyfansoddodd y llythyr hwn yr oedd ar y pryd wedi ei gaethiwo mewn carchar yn Rhufain. (Am hanes y ffrwgwd arweiniodd at ei arestio gweler Actau 21:17 ymlaen) Carcharor Nero ydoedd mewn gwirionedd ond dywed yma mai carcharor Crist ydoedd. Yr oedd yn garcharor Crist mewn dwy ffordd. Yn gyntaf, y rheswm ei fod yn y carchar yn Rhufain oedd oherwydd ei fod yn pregethu Iesu Grist. Fe'i cyhuddwyd yn y deml yn Jerusalem o ddysgu yn erbyn yr Israeliaid a'r Gyfraith Iddewig. Yn ail, roedd yn garcharor i Grist yn yr ystyr mai Arglwydd ei fywyd, yn dilyn ei dröedigaeth, oedd Iesu, yr oedd ei fywyd yn awr yn llwyr ym meddiant ei Arglwydd.

DADLENNU'R DIRGELWCH. (Ad. 1-6)

Gair allweddol yn y paragraff hwn yw "dirgelwch." Fe'i

defnyddir bum gwaith gan Paul yn yr adran hon. Yn y Testament Newydd ystyr y gair Groeg "mysterion" yw, cyfrinach sydd y tu draw i wybodaeth naturiol, ond sydd wedi ei ddatgelu i ni trwy ddatguddiad dwyfol gan yr Ysbryd Glân. Yn wir, defnyddid y gair i ddisgrifio dysgeidiaeth gyfrinachol rhai crefyddau paganaidd, dysgeidiaeth a gyfyngid i griw dethol. (Fel rysait Coca Cola) Ond o fewn i Gristnogaeth nid oes cyfrinachau yn yr ystyr hwn. I'r gwrthwyneb y mae dirgelion Cristnogol sydd y tu hwnt i ddealltwriaeth dynol wedi eu ddatgelu gan Dduw i'r holl eglwys. Cyfrinach agored yw'r "dirgelwch" hwn ac yn adnod chwech fe ddywed Paul yn union beth ydyw. *"Dyma'r dirgelwch: bod y Cenhedloedd ynghyd â'r Iddewon, yn gydetifeddion, yn gydaelodau o'r corff, ac yn cydgyfranogion o'r addewid yng Nghrst Iesu trwy'r Efengyl."* Hwn oedd y dirglewch a ddatguddiwyd i Paul ond a fu yn guddiedig yn yr oesoedd a fu (adnod 5). Oblegid hynny yr oedd yn rhywbeth newydd. Golyga hyn bod yr Iddewon a'r cenhedloedd yn un yn yr Arglwydd Iesu. I Paul roedd hwn yn wirionedd syfrdanol, gwefreiddiol, cyfareddol ac yn sbardun parhaus i'w waith cenhadol. Trwy'r canrifoedd y mae'r Eglwys Gristnogol wedi bod yn gorff cenhadol sy'n ymestyn allan tuag at eraill gan ddilyn comisiwn Iesu ac esiampl yr eglwys fore.

GWEINIDOGAETH PAUL (Ad. 7-13)

Gosodwyd Paul mewn swydd arbennig gan Dduw a chyflawnodd ei waith trwy weinidogaethu a chenhadu ymhlith y Cenhedloedd yn benodol. Ond er ei lwyddiant ysgubol dengys Paul ostyngeiddrwydd mawr gan honni mai ef oedd y *"llai na'r lleiaf o'r holl saint."* Y rheswm ei fod yn dweud hyn oedd ei fod yn cofio'n gyson, gyda chywilydd, iddo fod yn elyn chwyrn i'r eglwys ac yn erlidiwr o ddilynwyr Iesu. Pan ysgrifennodd at Timotheus dywedodd, *"A dyma air i'w gredu, sy'n teilyngu derbyniad llwyr: "Daeth Crist Iesu i'r byd i achub pechaduriaid." A minnau yw'r blaenaf ohonynt."* (1 Tim. 1:15) Yn yr un modd ysgrifennodd at y Corinthiaid, *"Oherwydd y lleiaf o'r apostolion wyf fi, un nad wyf deilwng i'm galw yn apostol, gan imi erlid eglwys Dduw."* (1 Cor. 15:9,10) Nid oedd lle ym mywyd Paul i hunandybiaeth, gwyddai yr hyn ydoedd a gwyddai hefyd am ras achubol Duw. Y mae yma hefyd yr ymdeilad na allai Paul gynefino â'r ffaith ei fod ef - o bawb - yn cael bod yn weinidog i Dduw.

Yma mynega'r Apostol ei fod yn anelu ei genadwri at dair nod.

1. Pregethu i'r Cenhedloedd anchwiliadwy olud Crist. (ad. 8b) Yng Nghrist y mae cyfoeth na ellir plymio i'w ddyfnder, trysor na ellir ei ddihysbyddu ac y mae dod i berthynas â Christ yn golygu etifeddu cyfoeth ysblennydd. Yn y byd hwn y mae llawer math o gyfoeth i'w gael, cyfoeth gwybodaeth, fel addysg a dysg; cyfoeth diwylliannol fel, barddoniaeth, cerddoriaeth a llenyddiaeth ac wrth gwrs cyfoeth ariannol. Cyfoeth yw iechyd a'r gallu i weld a chlywed a blasu. Ond y mae yna gyfoeth sydd uwchlaw y rhain i gyd sef y cyfoeth a ddaw yng Nghrist. Y mae hwn ag arwyddocâd tragwyddol iddo oherwydd ei fod yn cynnwys yn ei goffrau gymod gyda Duw, atgyfodiad, cymdeithas gyda'r saint, tangnefedd, mynediad at y Tad trwy Grist a'r Ysbryd, aelodaeth o'i deyrnas a'i deulu ac nid yw hynny ond rhagflas o'r hyn sydd eto i ddod. Y mae'n olud gwahanol i eiddo'r byd, fel y dywedodd Pedr, *"Arian ac aur nid oes gennyf; ond yr hyn sydd gennyf hynny yr wyf yn ei roi iti......"* (Act. 3:6)

"Gwn pa le mae'r cyfoeth gorau,
Gwn pa le mae'r trysor mawr,
Profais flas y bywyd newydd,
O! fendigaid fwynaf awr;
Grym y cariad
A'm hennillodd innau'n llwyr."
W.Rhys Nicholas.

Cyfoeth yw hwn sydd nid i'w gadw yn ein cistiau eglwysig ein hunain ond i'w rannu gydag eraill, ar hyn sy'n rhyfeddol yw ei fod yn mynd yn fwy wrth gael ei rannu. A dyma yw braint yr eglwys sef rhannu o'r cyfoeth a dderbyniasom gyda phobl Cymru a'r byd. Rhan bwysig o'r genhadaeth yw sylweddoli fod gennym drysor amhrisiadwy yn ein meddiant. Rhaglen boblogaidd ar y teledu yw'r "Antiques Roadshow". Ynddi y mae pobl yn mynd a chreiriau, celfi a henebion i'w dangos i'r arbenigwyr. Ambell dro ar ôl rhoi hanes gwrthrych y mae'r arbenigwr yn gofyn i'r perchennog, "A ydych wedi yswirio hwn? Oherwydd y mae'n werth arian mawr." Gwelwn lygaid y perchennog yn pefrio gydag arwyddion punnoedd yn fflachio ynddynt. Cyn mynd yno nid oeddent yn sylweddoli gwerth yr hyn oedd ganddynt – yr oeddent yn ei gymryd yn ganiataol. Fel hyn yr ydym ni fel Cristnogion, ni sylweddolwn yn iawn werth yr yr hyn sy'n ein meddiant.

2. I oleuo pawb o'r dirgelwch a hynny trwy'r eglwys. (ad. 9) Yn y Groeg defnyddir y gair "photismo" yma sef "i oleuo", ac wrth wneud hyn fe awgrymir mai cyflwr y rhai na fydd yn clywed yr Efengyl yw tywyllwch. Defnyddiodd Iesu y termau hyn wrth alw Paul i waith, *"Gwaredaf di oddi wrth y bobl hyn ac oddi wrth y Cenhedloedd yr wyf yn dy anfon atynt, i agor eu llygaid a'u troi o dywyllwch i oleuni, o awdurdod Satan at Dduw."* Rhydd hyn gyfrifoldeb mawr ar ysgwyddau'r eglwys. Tueddir i wneud yn fach o'r eglwys ar brydiau gan ei difrio a'i diraddio ond y mae Duw wedi ymddiried gwaith hollbwysig iddi. Dywed John Stott fod hyn yn cynnwys 3 ffaith ryfeddol:

1. Bod yr eglwys yn ganolog i hanes.
2. Bod yr eglwys yn ganolog i'r Efengyl.
3. Bod yr eglwys yn ganolog i fywyd Cristnogol.

3. Er mwyn hysbysu ysblander amryfal doethineb Duw i'r tywysogaethau ac awdurdodau yn y nefoedd. Ni wyddom yn union beth o a olygir yma ond fe ymddengys mai cyfeirio at angylion y mae Paul. Awgryma hyn nad yw trigolion y nefoedd i gyd yn gwybod am ddirgelion cariad Duw.

Y mae'r adran hon yn cloi gydag annogaeth i'r Cristnogion i beidio â digalonni.

Testun Trafod.

1. Beth a olygir wrth y geiriau, "*mwy trysorau sy'n dy enw, na thrysorau'r India i gyd*"?

Gwers 14 **CARIAD CRIST (1)**
(Effesiaid 3:14-21)

Ar ddechrau yr adran hon try Paul yn ôl at y weddi y cyfeiriodd ati yn adnod gyntaf y bennod. (Gwyddom o brofiad sut y mae'n meddyliau yn gallu crwydro wrth weddïo oddi wrth y testun penodol at bethau eraill cysylltiedig. Efallai mai dyma ddigwyddodd i Paul rhwng adnod 1 ac 14.) Yma mae fel petai'n newid pwyslais gan symud oddi wrth yr esbonio i eiriol ac wrth gwrs y mae cyhoeddi'r newyddion da a gweddïo yn mynd law yn llaw â'i gilydd.

GWEDDI PAUL (Ad. 14)

Yr oedd Paul yn weddïwr heb ei ail ac yn fynych yn ei lythyrau y mae gweddïau godidog ganddo. Y mae tri pheth i'w nodi ynglŷn â'r adnod hon.

1. Yr oedd Paul yn gweddïo'n feunyddiol ar ei Dad nefol.

Y mae gweddi yn gwbl hanfodol i fywyd y Cristion ac i fywyd yr eglwys, gweddi yw anadl yr enaid ac hebddo y mae'r enaid yn mygu. Clywais hanes am dri dyn mewn cwch a honno yn suddo. Penderfynasant y byddai'n fanteisiol iddynt weddïo. Ni allai'r cyntaf weddïo gan ei fod yn anffyddiwr. Ni allai'r ail feddwl am weddi oedd yn addas i'r achlysur. Ond gweddïodd y trydydd gan ddweud, "Arglwydd rydym mewn dipyn o bicil. Helpa ni yn awr ac ni wnawn byth dy drafferthu eto." Nid dyma agwedd y Cristion at weddi, oherwydd y mae gweddi yn ffordd o fyw. Dywedodd Paul mewn man arall, *"Gweddïwch yn ddi-baid."* (1 Thes. 5:17) Pan ddarllenwn hanesion llawer o arwyr y ffydd gwelwn eu bod yn weddïwyr diwyd. Yn y mwyafrif o gofiannau enwogion Ymneilltuaeth Cymru yn y ganrif ddiwethaf ceir pennod ar y ffaith eu bod yn ddyddiol yn cadw dyletswydd deuluaidd ar eu haelwydydd a rhoddi'r disgrifiad o'u dull o weddïo. Yn yr un modd os edrychwn ar eglwysi llwyddiannus yn y gorffennol ac yn y presennol gwelwn fod yno weddïo taer a chyson. Yng nghofiant yr hen seraff Williams o'r Wern ceir hanes amdano mewn un capel yn addo yn gyhoeddus i gychwyn cwrdd gweddi am ddiwygiad yn y pentref. Aeth misoedd heibio, a rhyw ddydd daeth gwraig dlawd at y pregethwr gan ddweud, “Rwyf wedi prynu y canhwyllau.” “Pa ganhwyllau?” atebodd Williams, “Wel y canhwyllau ar gyfer y cyrddau gweddi,” meddai’r wraig. Cadwodd Williams at ei addewid a chychwynnwyd dau gwrdd gweddi un bob pen i’r pentref gan symud o dŷ i dŷ tua’r canol. Cyn iddynt gyfarfod yn y canol yr oedd adfywiad wedi cychwyn. Y mae’r gorau ohonom angen ein cymell ambell dro i weddïo. Nid oes dim sicrach na bod eglwys sy’n gweddïo yn llwyddo. Tristwch mawr yng Nghymru yw mai un o’r cyfarfodydd cyntaf i ddiflannu yn ein heglwysi yw’r cwrdd gweddi a phobl wrthi fel lladd nadroedd yn gwneud esgusodion pam na allent weddïo.

2. YR OEDD PAUL YN GWEDDÏO AR EI LINIAU.

Y mae hwn yn ddarlun cyfarwydd i ni, dyma oedd yr arfer yng Nghymru, pobl ar eu gliniau ger bron gorsedd gras. Ond yng nghyfnod Paul yr oedd hyn yn anarferol oherwydd ar eu traed y gweddïai’r Iddewon. Nid oes rhaid ond edrych ar ddameg y Pharisead a’r casglwr trethi i sylweddoli hyn. Yn wir, ychydig enghreifftiau sydd yn y Beibl o bobl yn penlinio. Penliniodd Solomon wrth gysegru’r deml. Penliniodd Iesu yn ngardd Gethsemane. Wrth i Paul benlinio dangosai barcheig ofn a gostyngeiddrwydd. Ond rhaid cofio nad oes osgo arbennig wrth weddïo. Gellir gweddïo mewn unrhyw fan ac unrhyw le. Wrth gerdded, wrth deithio, wrth wneud gwaith gyda’r dwylo, yn y car - ond cofiwch peidiwch a chau eich llygaid yn y fan honno.

3. YR OEDD PAUL YN GWEDDÏO DROS EI GYD-GRISTNOGION.

Y mae cynnwys ein gweddïau o reidrwydd yn adlewyrchu yr hyn ydym a pha bethau sy’n bwysig yn ein golwg. Gweddïai Paul yn achlysurol gan gyflwyno ei hun, ond yn amlach na pheidio gweddïai dros yr eglwys Gristnogol a thros Gristnogion. Erfyniai yn daer am fendith a llwyddiant iddynt. Gall gweddi fod yn fewnblyg a myfiol yn ddim namyn rhestr bersonol o ofynion gan Dduw. Ond y mae ein gweddïau i fod yn fynych yn weddïau o eiriolaeth tros eraill.

CYNNWYS GWEDDI PAUL.

Yma y mae tri pheth a gyfyd yn y weddi hon sef, cryfder, cariad a chyflawnder.

1. CRYFDER. (Ad. 16, 17A)

Wrth i Gristnogion Effesus wynebu pwysau bywyd, dylanwad eilunaddoliaeth, budreddi anfoes paganiaeth, a bwriadau bydol cymdeithas anwar, roeddent angen cryfder mawr oddi mewn i gadw ffydd ac i fod yn dystion i'r ffydd. Y mae Paul yn defnyddio dau air yma sef y "dyn mewnol" a'r "galon". Hynny yw, bywyd mewnol, personol, dwysaf y Cristion. Y maent i gael cryfder yn fewnol trwy bresenoldeb yr Ysbryd Glân a Christ. Oni ddywedodd Iesu *"Os yw dyn yn fy ngharu, bydd yn cadw fy ngair i, a bydd fy Nhad yn ei garu ef, ac fe ddown ato ef a gwneud ein trifga gydag ef"*? (Ioan 14:23)

Y mae dau air Groeg a ddefnyddir am y gair preswylio sef, "paroikeo" a "katoikeo". Y mae'r cyntaf yn golygu ymweld â rhywle fel dieithryn, dros dro, fel sipsiwn yn newid aelwyd bob yn eilddydd. Mae byw fel "paroikos" yn golygu byw oddi cartref. Ond y mae "katoikeo" yn golygu ymgartrefu a setlo i lawr yn barhaol. Byw yn barhaol nid lojo dros dro. Dyma'r gair a ddefnyddir yn y fan hon. Dod i fyw yn barhaol y mae Crist, ef yw'r meistr, Arglwydd a pherchennog y galon. Ac fel perchennog y mae'n gyfrifol am gynnal a chadw. Rhydd ef y cryfder i fyw fel Cristnogion ac i ddyfalbarhau. (Gw. Rhuf.8:9-11; Ioan 14:23)

Testun Trafod

1. Y mha ffordd y mae presenoldeb Iesu byw yn cryfhau Cristnogion? A oes gennych enghreifftiau o'ch profiad personol?

2. A ydych chi yn credu fod gweddi yn bwysig? A oes cwrdd gweddi yn eich eglwys chi?

3. Lluniwch restr o destunau gweddi ar gyfer heddiw.

Gwers 15 CARIAD CRIST (2) (Effesiaid 3:14-21)

2. CARIAD (Ad. 18,19)

Roedd Paul am i fywyd y Cristion gael ei lenwi gyda chariad. Un o brif rinweddau a nodweddion cymdeithas o bobl Dduw yw cariad. Fel y gwelwyd, teulu Duw yw'r eglwys, dynoliaeth newydd y mae ei haelodau yn chwiorydd a brodyr sy'n caru ei gilydd ac yn caru eu Tad. Ond ni allwn fod yn hynny heb yr Ysbryd Glân a phreswyliad Crist i'n galluogi.

Yma defnyddir dwy gyffelybiaeth o ddau faes gwahanol sef gwreiddio, a sylfaen wrth gyfeirio at gariad.

1. Gwreiddyn. Mae'r cyntaf o fyd botaneg, lle dywedir fod cariad yn wreiddyn i fywyd y Cristion. I bob planhigyn a choeden y mae gwreiddyn yn hanfodol, dyma sydd yn ei angori i'r ddaear, yn ei gadw'n gadarn mewn gwyntoedd. Trwy'r gwreiddyn y mae'n derbyn ei faeth, ei nodded a'i fwyd. Gan mai cariad Duw yw gwreiddyn bywyd y Cristion o'r fan honno y caiff ei gryfder, ei ddigonedd a maeth ysbrydol i'w gynnal.

2. Sylfaen. Term bensaernïol yw sylfaen, sy'n awgrymu fod bywyd Cristion yn cael ei adeiladu ar gariad. Cyflwynir cariad fel elfen greiddiol sydd i ddylanawadu ar bob gwedd o fywyd. Yn wir, y mae cariad yn sylfaen i bob elfen arall yn ein bywyd.

Ei weddi daer yw y byddant yn cael eu galluogi i amgyffred maintioli cariad Crist, er ei fod - ac mae'n rhyw lun o wrth ddweud ei hun yma - uwchlaw gwybodaeth. Dywed rhai bod y geiriau hyd, lled, dyfnder ac uchder yn arwydd o'r groes. Y polyn yn ymestyn o'r nefoedd i'r ddaear a'r trawst yn ymestyn ar led gan wahodd pechaduriaid. Dywed eraill bod y geiriau hyn yn dangos fod cariad Duw yn ddigon llydan i gofleidio y ddynoliaeth gyfan, yn ddigon hir i barhau am dragwyddoldeb, yn ddigon dwfn i gyrraedd y pechadur mwyaf ac yn ddigon uchel i'w ddyrchafu i'r nef. Ar y llaw arall y mae'n bosibl fod Paul yn defnyddio rhethreg yma ac yn sicr mae'n ceisio disgrifio drwy gyfrwng geiriau cyfyngedig eu mynegiant gariad annisgifiadwy Duw yng Nghrist. Gorchwyl amhosibl ydyw. Ond unwaith eto mae'r disgrifiad yn odidog ac yn cynhesu calon pob Cristion. Gweddïai Paul y byddai'r Effesiaid yn gallu plymio i foroedd cariad Duw a nofio yn hwnnw trwy gydol eu hoes.

"Ynghyd â'r holl saint." Nid rhywbeth ynysig yw bod yn Gristion ond profiad cynulleidfaol, cymdeithasol. Fel y dywed yr emynydd, "*Braint, braint, yw cael cymdeithas gyda'r saint.*" Gwaith ar y cyd gyda phobl o'r un meddwl yw dod i wybod am gariad Crist lle mae credinwyr yn rhannu profiadau am waith Duw yn eu calonnau. Dyma pam fod astudio'r gair, gweddïo a chyfeillachu gyda'n gilydd mor bwysig. (Gw. Slm. 66:16) Ni fyddwn byth yn cyrraedd y pwynt lle y gallwn ddweud, "Wel dyna ni, gwn yn awr beth yw maint cariad Crist." Fel yr annogir ni yn yr emyn i gyfrif ein bendithion bob yn un ac un, wrth gychwyn gwneud hynny sylweddolwn fod y bendithion a dderbyniwn yn aneirif ac y mae hyn yn ennyn mawl yn ein calonnau, felly, wrth ystyried maint cariad Crist sylweddolwn ei fod yn enfawr ac anghymarol ac fe'n tywysir i orfoleddu yn y Duw sy'n ein caru cymaint.

3. CYFLAWNDER. (Ad. 19B)

Bwriad y weddi yw arwain y Cristnogion i gyflawnder a sylwch, ***"i gyflawnder Duw"*** ei hun. Y mae hwn yn ddweud aruthrol. Ond beth a olygir yma? Y mae'r wybodaeth am Grist a myfyrio ar ei ogoniant yn trawsnewid y Cristion, ac yn ein wneud yn debyg i Grist ei hun. Ond yma gofynnir ar iddynt gael eu llenwi gyda chyflawnder Duw ei hun. (Gw. Col. 1:19; 2:9-10; 2 Cor. 3:18) Dychmygwch eich hun yn mynd rhyw ddiwrnod i Fae Ceredigion, dyweder i draeth hyfryd Llangrannog. O'ch blaen y mae'r môr mawr sy'n cysylltu gyda môr yr Iwerydd, sy'n cysylltu gyda'r Cefnfôr Tawel a chyda rhan fwyaf o foroedd y byd. Yna rydych yn cymryd pot jam ac yn ei lenwi hyd yr ymylon gyda dŵr y môr. Er nad yw'r môr cyfan yn y pot jam, y mae cyfran o gyflawnder y môr ynddo. Rhyw syniad tebyg i hyn fe gredai i sydd gan Paul pan y dywed y bydd Cristnogion yn cael eu dwyn at holl gyflawnder Duw. Y bydd Duw yn ein llenwi hyd yr ymylon. Geiriau sy'n cyfleu hyn i'r dim yw'r canlynol gan David Jones, Treborth;

"Yr hollgyfoethog Dduw,
Ei olud ni leiha;
Diwalla bob peth byw
O hyd â'i 'wyllys da;
Un dafn o'i fôr sydd fôr i mi,
Nesáu at Dduw sydd dda i mi."

MWY NA'N DYCHYMYG. (Ad. 20-21)

Mae'r weddi yn cloi gyda phwyslais ar allu Duw i ateb ein gweddïau. Y mae nifer o bethau yma mewn gwirionedd.

1. Y mae Duw yn gallu *gweithredu*, nid yw'n farw nac yn cysgu ac yn sicr nid yw'n llaesu dwylo.

2. Gall wneud y hyn a *ofynnwn* ganddo gan ei fod yn clywed ein gweddïau.

3. Gall wneud yr hyn a ofynnwn ac a *ddychmygwn*. Gall ddarllen ein meddyliau.

4. Gall wneud *popeth* a ddeisyfwn ac y dychmygwn amdanynt.

5. Gall wneud *mwy* na'r hyn y deisyfwn ac y gofynnwn amdanynt.

Nid oes terfynau i'r hyn y gall Duw ei wneud. Nid oes terfyn i'r hyn y gall Duw ei wneud trwom ni. Peidiwn byth a gwneud yn fach o Dduw gan dybio fod pethau y tu hwnt i'w allu. Pwrpas y cwbl yw dwyn gogoniant i Dduw yn y presennol a hyd dragwyddoldeb.

Testun Trafod

1. Disgwyliwch bethau mawr oddi wrth Dduw. Mentrwch bethau mawr tros Dduw. Trafodwch y gosodiad hwn gan William Carey.

IONAWR **Y BREGETH AR Y MYNYDD**

Gwers 16 **DYSGEIDIAETH AR LWON**

(Mathew 5: 32-33)

Nid yw'r geiriau, *"Na thynga lw twyllodrus......Rhaid i ti gadw pob llw a roist i'r Arglwydd,"* i'w cael yn unman yn yr Hen Destament. Y mae hyn felly yn cadarnhau ein barn mai cyfeirio at ddysg y Phariseaid a'r ysgrifenyddion y mae Iesu yma eto. Ond yn sicr ddigon y mae adlais yma o'r trydydd gorchymyn, sef, *"Na chymer enw yr Arglwydd dy Dduw yn ofer."* (Ex. 20:7)

TYNGU LLW. (Ad. 34-36)

Hwyrach eich bod yma yn meddwl fod Iesu yn hollti blew wrth sôn am ddull pobl o siarad. Ond y rheswm ei fod wedi dweud hyn oedd, celwydd. Roedd pobl byth a hefyd yn dweud celwydd wrth ei gilydd, a thrwy hynny nid oedd pobl yn gallu ymddiried yn ngeiriau ei gilydd. Effeithiai hyn yn andwyol ar bob rhan o fywyd. Felly y mae hi o hyd, fe effeithia celwydd yn niweidiol yn ein dyddiau ni ar fywyd teuluol, cymdeithasol, gwladol a rhyng-wladol. Unwaith eto roedd y Phariseaid a'r ysgrifenyddion wedi llwyddo i gam-ddehonglir gyfraith. Yr hyn a ddywed y gyfraith yw, *"Nid ydych i dyngu'n dwyllodrus yn fy enw, a halogi enw eich Duw,"* (Lef. 19:12) ac hefyd, *"Os bydd dyn yn gwneud adduned i'r Arglwydd, neu'n tyngu llw, a'i roi ei hun dan ymrwymiad, nid yw i dorri ei air, ond y mae i wneud y cyfan a addawodd."* (Num. 30:2; Deut. 23:21) Yn yr adnodau hyn y mae pwyslais diamheuol ar eirwiredd ac onestrwydd. (Gw. Diar. 8:7; 12:19; Jer. 5:3; Hos. 4:1) Ond yr oedd y Phariseaid yn esbonio'r adnodau hyn gyda phwyslais anghywir ar *"yn fy enw"* ac *"i'r Arglwydd".* Tybient os oeddech yn tyngu llw gan ddefnyddio enw Duw yna yr oedd rhaid i chwi gyflawni'r llw hwnnw doed a ddelo. Ond os nad oeddech yn defnyddio enw yr Arglwydd yna yr oeddech yn rhydd i dorri'r llw. O ganlyniad i hynny yr oedd y bobl gyffredin wrth siarad o ddydd i ddydd yn tyngu llw yn enw'r nef, neu yn enw'r ddaear, neu yn enw Jerusalem neu hyd yn oed yn enw'r deml a'r allor. (Math. 23:

16) Byddai rhai yn tyngu llw i'w pennau gan ddweud rhywbeth tebyg i, "Boed i mi golli fy mhen os nad yw hyn yn wir." Pan dyngent yn enw Duw yna credent fod Duw yn ran o'r cytundeb ond pan na enwyd Duw nid oedd rhaid anrhydeddu eu haddewidion. Dangosai hyn anwybodaeth a rhagrith mawr oherwydd yr oeddent yn euog o rannu bywyd yn adrannau i Dduw ac adrannau heb Dduw. Digwyddodd rhywbeth tebyg yn agwedd Ymneilltuwyr Cymru yn ystod y bedwaredd ganrif ar bymtheg tuag at eu capeli. Ar ddechrau'r ganrif mannau hwylus i ymgynull i addoli oedd y capeli, i'w tynnu i lawr a'u ehangu yn ôl y galw, ond yn ail hanner y ganrif aethpwyd i feddwl amdanynt fel mannau cysegredig. Arwydd o hyn oedd fod llawer iawn o gynulleidfaoedd wedi mynd ati i adeiladu festrïoedd er mwyn cynnal y cyfarfodydd atodol hynny nad oeddent yn weddus i'w cynnal yn yr addoldy ei hun e.e., cyngherddau, cymdeithasau diwylliannol, cyfarfodydd dirwestol, eisteddfodau. Roedd elfen o ragrith yn hyn oherwydd nid yw'r capel yn fwy cysegredig na'n cartrefi neu unrhyw fan arall. Yr oeddent wedi dechrau rhannu bywyd yn adrannau crefyddol a seciwlar. Dengys hyn y duedd ynom i feddwl bod rhai pethau a rhai gweithredoedd yn fwy cysegredig na'i gilydd. Ond fel y gwyddom nid felly y mae pethau, oherwydd pa beth bynnag a wnawn y mae Duw yn dyst yn gweld ac yn clywed popeth. Ni all y Cristion rannu ei fywyd yn adrannau Cristnogol ac adrannau seciwlar gan ymddwyn mewn un ffordd yn y capel ac mewn ffordd arall yn gwaith. Ni all goleddu un math o ddaliadau yn y cwrdd gweddi gan ymddwyn yn groes i hynny yn ei gartref. Y mae pob adran o fywyd yn cael eu byw ym mhresenoldeb Duw a phob addewid i'w gymryd o ddifrif

GEIRWIREDD (Ad. 37)

Oherwydd yr uchod y mae Iesu yn annog ei wrandawyr gan ddweud boed eich "ie" yn "ie", a'ch "nage" yn "nage". Nid oes angen tyngu llw bob yn ail frawddeg, yn hytrach dywedwch y gwir yn syml a phlaen a chadwch at eich geiriau. Geirwiredd syml sydd ei angen. Dangosir gan Grist mai gwirionedd sydd i nodweddu bywyd y Cristion. Nid ydym i fod yn gelwyddog a rhagrithiol, yn siarad ar ein cyfer fel na all y bobl sydd o'n cwmpas ddibynnu arnom. (Gw. Col 4:6; Col. 3:9; Eff. 4:25)

Ond a yw hyn yn golygu nad ydyw Cristion i dyngu llw ar unrhyw achlysur hyd yn oed mewn llys barn? Dywed Iesu yn eithaf clir, *"Ond rwyf fi'n dweud wrthych: peidiwch a thyngu llw o gwbl,"* a ydyw felly yn gwahardd tyngu llw? (ad.34) Yn sicr ddigon y mae rhai Cristnogion wedi cymryd hyn fel gwaharddiad llwyr. Nid oedd y Crynwyr, gan gynnwys un o'u harweinyddion cynnar, George Fox, yn barod i dyngu llw ar unrhyw gyfrif; a hyd yn oed yng Nghymru annogwyd y Methodistiaid Calfinaidd yn eu Rheolau a'u Dibenion "i fod o wefus bur.....yn ochelgar rhag pob llwon a rhegfeydd....ac yn eirwir a gonest." Ond fe ymddengys bod tyngu llw yn arfer derbyniol yng ngolwg Duw gan fod nifer o enghreifftiau i'w cael. Cysylltir tyngu llw gydag enwogion y ffydd fel Abraham (Gen. 14: 22-24; 21: 23, 24), Isaac (26:31), Jacob (31:53), a Joseff (47:31) heb sôn am nifer o rai eraill. (Ruth 1:16-18; 2 Sam. 15:21; 1 Bren. 18:10) Ceir enghreifftiau o'r Apostol Paul yn tyngu llw. (2 Cor. 1:23; Gal 1:20) Hefyd wrth gwrs roedd Iesu dan lw pan y cyffesodd mai ef oedd Mab Duw. (Math. 26:63, 64) Yn ôl y dystiolaeth uchod nid yw'n ymddangos fod Iesu yn gwahardd tyngu llw. Condemnio y mae yn y fan hon yr arfer o dyngu llw yn ysgafn, rhagrithiol a di-feddwl gan annog geirwiredd.

Testun Trafod.

1. A yw ein capeli yn fwy cysegredig na'n cartrefi? Rhowch resymau am eich atebion.

2. Yn ôl yr adnodau hyn a gredwch chi y dylai Cristion dyngu llw?

3. A ydym ni yn euog o rannu bywyd yn adrannau Cristnogol a seciwlar? Rhowch enghreifftiau.

4. A ydym ni wedi mynd yn ddi-hid ynglŷn â phobl yn cymryd enw Duw yn ofer?

Gwers 17 — CARU GELYNION (Mathew 5:43-48)

Y mae'r adran hon yn llifo yn naturiol o'r adran flaenorol yn Efengyl Mathew sydd yn ymdrin â dial. (Esboniwyd y paragraff hwnnw mewn cyfrol flaenorol o'r gyfres hon.)

CASÁU GELYNION (Ad. 43)

Fel y gwelsom mewn rhannau blaenorol o'r bennod hon yr oedd y Phariseaid ar ysgrifenyddion yn gwneud cam mawr a'r ysgrythur trwy ddysgu i'r Iddewon bethau nad oedd i'w cael yn y Gyfraith. Fe ddaw y geirau cyntaf o lyfr Lefiticus, *"Nid wyt i geisio dial ar un o'th bobl, na dal dig tuag ato, ond yr wyt i garu dy gymydog fel ti dy hun."* (Lef. 19:18) Gwelwn yn syth nad oes yma gyfeiriad at gasáu gelynion. Y tebygolrwydd yw fod y geiriau hyn wedi eu hychwanegu gan y Phariseaid a'r ysgrifenyddion yn y Mishna neu'r Talmud. Yn sicr nid ydynt i'w cael yn unman yn yr Hen Destament.

Trwy gam-ddehongli di-baid yr oedd yr arweinyddion crefyddol hyn wedi codi rhyw fur o elyniaeth rhyngddynt hwy a chenhedloedd eraill. Yn eu tyb hwy eu cymdogion oedd Iddewon eraill a'u gelynion oedd cenhedloedd eraill. Âi rhai mor bell a dweud ei bod yn ddyletswydd arnynt i gasáu eu gelynion oherwydd mai dyna oedd ewyllys Duw. Ni ddysgai'r Hen Destament hynny o gwbl; i'r gwrthwyneb fe'u hannogid fel Iddewon i fod yn rasol tuag at eu gelynion a thuag at bobl o genhedloedd eraill. *"Y mae'r estron sy'n byw gyda thi i'w ystyried gennyt fel brodor o'ch plith; yr wyt i'w garu fel ti dy hun, oherwydd estroniaid fuoch chwi yng ngwlad yr Aifft."* (Lef. 19: 34) Gwelir yr un ddysgeidiaeth hefyd yn Exodus lle y dywedir, *"Pan ddoi ar draws ych dy elyn neu ei asyn yn crwydro, dychwel ef iddo. Os gweli asyn y sawl sy'n dy gasáu yn crymu dan ei lwyth, paid â'i adael fel y mae, ond dos i estyn cymorth iddo."* (Ex. 23: 4, 5).

Erbyn dyddiau Iesu roedd yr Iddewon wedi eu cam-arwain i gasáu estroniaid. Roedd muriau o elyniaeth yn cael eu codi rhwng Israel a chenhedloedd eraill ac hefyd rhwng Iddewon "da" - a oedd yn hyddysg yn y Gyfraith - fel yr ysgrifenyddion a'r Phariseaid ac Iddewon eilradd fel y casglwyr trethi nad oedd yn cael eu cyfrif cystal am nad oeddent wedi eu trwytho yn y Gyfraith. Lledaenwyd a dysgwyd casineb yn lle cariad.

Dyma'r cefndir i'r adnodau hyn ac yn yr awyrgylch hwn yr oedd Iesu'n siarad. Daeth Iesu i ddileu'r muriau sy'n gwahanu pobl er mwyn i gariad dwyfol a thragwyddol Duw lifo i galonnau dynion. Cariad ydyw sy'n goresgyn terfynau hil, cenedl ac oed.

CARU GELYNION (Ad. 44)

Ymhelaetha Iesu gan ddweud, *"Ond rwyf fi......"* Roedd geiriau Iesu yn ysgytwol i'r gwrandawyr oherwydd eu bod mor wahanol i'r dadansoddiad traddodiadol o'r ysgrythurau. Yr oedd y bobl wedi hen arfer clywed anogaethau fel, *"câr dy gymydog a chasa dy elyn"*. Ond yma, gan y dyn rhyfedd hwn clywsant genadwri wahanol gyda phwyslais amgenach, *"Ond yr wyf fi yn dweud wrthych carwch eich gelynion, a gweddïwch dros y rhai sydd yn eich herlid."* Bellach collasom beth o fin y geiriau hyn. Cyffredin pob cyfarwydd meddai pobl y goets fawr, ac y mae bod yn rhy gynefin a geiriau Iesu'n gallu pylu min eu hystyr.

Ceir yma enghraifft odidog o'r ysbryd a'r agwedd meddwl grasol sydd i nodweddu'r Cristion. Fel y gwelwyd yn adnodau 38-42 nid ydym i dalu drwg am ddrwg i neb, *"Llygad am lygad a dant am ddant."* Nid ydym i ymateb i'r drwg gyda drwg. Nid yw ein triniaeth o bobl eraill i fod i ddibynnu ar beth ydynt hwy, na'r ffordd y maent yn ymddwyn tuag atom. Mae hon yn wers aruthrol anodd i'w dysgu gan ein bod yn cael ein cyflyru i ymateb i bobl yn ôl yr hyn ydynt a'r hyn a wnânt tuag atom. Os yw person yn gas tuag atom ni yr ymateb. cyntaf yw bod yn gas gan dalu'r pwyth yn ôl. (Y mae unrhyw un sy'n gyrru car yn gwybod fod hyn yn agos iawn i'r wyneb, a fod y cythraul gyrru yn gallu ein meddiannu ar drawiad amrant, dim ond i yrrwr arall wneud rhywbeth a dybiwn ni yn ein herbyn mae'r gair dial yn fflachio'n goch yn y llygaid.) Os yw pobl yn galw enwau arnom ni, yr ymateb cyntaf yw ceisio galw enwau gwaeth arnynt hwy. Ond fe ddysg Iesu yma os yw pobl yn gas tuag atom ni, ni ddylid ymateb yn yr un dull. Pan mae rhywun yn ein enllibio'n wawdlyd a blin, nid oes rhaid ateb yn yr un modd. Pan mae rhywun yn ein herlid dylai ein hagwedd ein harwain i blygu a gweddïo drostynt.

HAUL A GLAW (Ad. 45)

Trwy i Gristion ymateb fel hyn y mae'n dangos ei fod yn blentyn i Dduw, oherwydd un felly yw Duw ei hun yn llawn maddeuant a thrugaredd. Trwy ei ras cyffredinol a'i gariad digyffelyb y mae'n peri i'r haul godi ar y "drwg a'r da." Nid peri iddo dywynnu yn unig ar y da y mae ond ar y bobl hynny sy'n wrthwynebus iddo a hyd yn oed y rhai sy'n elyniaethus tuag ato. A thrwy i Gristion ymateb yn rasol y mae'n dwyn gogoniant i Dduw.

APARTHEID (Ad. 46, 47, 48)

Roedd agwedd Iddewon tuag at genhedloedd eraill yn peri rhaniad dwfn o fewn i'r gymdeithas. Onid hwy oedd y genedl etholedig ac onid eilunaddolwyr yn dilyn duwiau dieithr oedd y cenhedloedd eraill? Ac onid oedd yr ymerodraeth fawr Rufeinig wedi eu gorchfygu ac yn ceisio eu harwain ar ddisberod? Hefyd, gwyddom fod yn gas gan y Phariseaid y casglwyr trethi. Fe'u gelwid yn bob enw dan haul gan gynnwys bradwyr a chŵn gan eu bod yn cyd-weithio gyda'r Rhufeiniaid ac fe'u hystyrid yn waddod y gymdeithas. O ganlyniad i hyn roedd y casglwyr trethi, y cenhedloedd a'r Iddewon yn byw ar wahân ac yn troi mewn cylchoedd gwahanol. Gwelir enghraifft o hyn yn Efengyl Ioan lle dywedir, *"Aethant a Iesu oddi wrth Caiaffas i'r Praetoriwm. Yr oedd yn fore. Nid aeth yr Iddewon eu hunain i mewn i'r Praetoriwm, rhag iddynt gael eu halogi, er mwyn gallu bwyta gwledd y Pasg."* (Io. 18: 28) Yr oedd dod i gysylltiad â chenedl-ddyn yn halogi Iddew. Llys Rhufeinig oedd y Praetoriwm ac felly nid aethant i mewn. Yn yr un modd nid oedd Iddew i gyd-fwyta gyda dynion nad oeddent wedi eu henwaedu. (Act. 2:11) Hefyd yr oedd casineb amlwg rhwng yr Iddewon a'r Samariaid. Dyma un o'r elfennau sy'n gwneud dameg y Samariad trugarog mor drawiadol. Dyma pam yr ymatebodd y wraig o Samaria i Iesu gan ddweud, *"Sut yr wyt ti a thi yn Iddew, yn gofyn am rywbeth i'w yfed gennyf fi, a minnau'n wraig o Samaria?"* Yn sgîl hyn un o nodweddion y cymunedau yn Israel oedd fod y gymdeithas wedi ei rhannu yn nifer o garfanau nad oeddent byth yn ymwneud â'i gilydd. Roedd anniddigrwydd yn mud-losgi o dan yr wyneb. Roedd pawb yn casáu pob carfan arall ac yn caru'r rhai oedd yn eu carfanau hwy.

Efallai fod hyn yn un o'r rhesymau pam fod Iesu wedi dysgu'r wers hon. Ai dweud yr oedd wrth y gwrandawyr, "Nid ydych ddim gwell na'r bobl hynny yr ydych yn eu condemnio ac yn eu cyfrif yn israddol"? Mae disgwyl arnom fel Cristnogion i ymddwyn yn wahanol i bobl eraill, fel bod nodweddion a rhinweddau arbennig yn perthyn i'n hymarweddiad sy'n tynnu sylw at Dduw. A thrwy garu ein gelynion fe ddeuwn yn debyg i'n Tad nefol.

Y mae rhannau o'r Bregeth ar y Mynydd yn ddigon i roi pin yn swigan y mwyaf hunangyfiawn ohonom gan ein hanobeithio. Y mae'r deg gorchymyn yn ddigon anodd ond y mae esboniad Iesu ohonynt yn anos. Fe'n harweinir i ddiolch mai Duw sy'n hoffi maddau yw ein Duw ni.

Testun Trafod

1. A yw'n ymarferol bosibl i garu gelynion?

2. Pe bai rhywun yn eich taro chi a fyddech yn troi'r foch arall?

3. A allwch chi feddwl am sefyllfaoedd lle y mae cariad Cristnogol wedi trechu trais?

Gwers 18 DYSGEIDIAETH AR ELUSENNAU (Mathew 6:1-4)

Yn y bumed bennod gwelsom Iesu'n tynnu sylw at wir grefydd gan ei chymharu a'r rhith o grefydd a ddysgwyd gan y Phariseaid. Ond nawr yn y chweched bennod fe'i gwelwn yn newid trywydd i raddau oherwydd yma y mae'n symud at ymarfer gwir grefydd gan gyffelybu hynny gyda dull y Phariseaid o ymarfer eu crefydd. Yn ogystal â hyn dengys yn ymarferol sut y mae byw yn gyfiawn a pha fodd y mae ufuddhau i'r gorchymyn, "Câr yr Arglwydd dy Dduw...a châr dy gymydog fel ti dy hun." Yn y bennod hon dengys yn ymarferol beth yw caru Duw.

CREFYDD FFUG (Ad. 1)

Rhagarweiniad byr yw'r adnod hon ar gyfer y darn sy'n dilyn ynglŷn ag elusennau, gweddi ac ymprydio, tair elfen a ystyrid yn holl bwysig o fewn Iddewiaeth.

Nid pwrpas crefydd yw dwyn sylw i'r hunan gan chwyddo hunan falchder. Felly dywed Iesu yn ddigon clir, peidiwch a chyflawni dyletswyddau crefyddol er mwyn i bobl eich gweld fel y byddont yn eich clodfori a'ch canmol a'ch brolio. Un o'r geiriau cyfoes a ddefnyddir yn gyson yw'r gair "delwedd". Er mwyn i gwmni fod yn llwyddiannus rhaid cael delwedd effeithiol, er mwyn i grŵp pop lwyddo rhaid cael delwedd ifanc, fodern. Er mwyn cael swydd rhaid cael delwedd drawiadol mewn cyfweliad. I raddau helaeth yr hyn yw "delwedd" yw yr hyn y mae eraill yn feddwl ohonoch. Roedd y Phariseaid yn feistri ar greu delwedd grefyddol fel bod pobl ym meddwl amdanynt fel pobl dduwiol ac ysbrydol. Trwy smalio rhoi gogoniant i Dduw ceisient ogoniant iddynt hwy eu hunain. Os mai dyna'r cwbl yw eich crefydd, sef cragen wag, nid oes gwobr i chwi gan Dduw?

RHOI'N RHODRESGAR (Ad.2)

Yn yr ail adnod hon fe geir gosodiad negyddol gan Iesu a ddengys sut i beidio a rhoi elusen ac yna, yn y drydedd adnod fe geir gosodiad cadarnhaol i'r gwrthwyneb.

Roedd rhoi elusen yn cynnwys cynorthwyo pobl trwy roi amser, neu arian neu gymorth. Yn wir, roedd rhoi i'r tlodion yn cael ei orchymyn gan Dduw. Dyma un enghraifft o lawer yn yr Hen Destament, *"Am chwe blynedd yr wyt i hau dy dir a chasglu ei gynnyrch, ond yn y seithfed flwyddyn yr wyt i'w adael heb ei drin, er mwyn i'r rhai tlawd ymysg dy bobl gael bwyta, ac i'r anifeiliaid gwyllt gael bwydo ar yr hyn a adewir yn weddill. Yr wyt i wneud yr un modd gyda'th winllan a'th goed olewydd."* (Ex. 23: 10, 11; 30:15; Lev. 19:10; Deut. 15: 17-11)

Yng nghyfnod Iesu roedd cymorth i'r tlodion yn cael ei ddarparu gan y cylchoedd crefyddol, a phob person yn cael ei drethu yn ôl ei allu. Yn ogystal â hyn roedd pobl yn rhydd i gyfrannu rhoddion gwirfoddol er mwyn chwyddo'r coffrau. Ond y drwg oedd fod rhai yn mynd oddi amgylch yn rhodresgar yn cyhoeddi'r elusen yn y synagog ac ar yr heolydd. Yn dwyn sylw mawr at eu gweithredoedd da eu hunain. Roeddent yn hysbysebu y ffaith eu bod yn rhoi yn helaeth i'r tlodion. Rhagrithwyr oeddynt yn chwilio am ganmoliaeth a chawsant y wobr a geisiant sef clod gan dynion. Oblegid hynny ni ddylent ddisgwyl unrhyw glod na gwobr gan Dduw. Yr oedd dysgeidiaeth Iesu yn y fan hon yn rhoi pin fawr y swigan hunan-bwysig y bobl hyn ac yr oedd y glec i'w chlywed yn atseinio trwy Jerusalem.

RHOI'N DDIRODRES (Ad.3)

Sut felly y dylid rhoi elusen i gynorthwyo eraill? Oherwydd y mae dangos haelioni a gofal dros yr anghenus yn parhau i fod yn rhan bwysig o'n ffydd mewn gweithrediad. Yma, yn yr adnod hon cawn yr ateb, sef yn dawel ac yn y dirgel heb i neb arall sylwi. Gan amlaf y mae dwylo yn cyd-weithio i gyflawni gorchwyl, i godi llwyth, i gario pwn, i ddal rhaff. Gŵyr y naill law yn union beth y mae'r llall yn ei wneud. Ond a siarad yn symbolaidd y mae dweud na ddylai'r llaw chwith wybod beth y mae'r llaw dde yn ei wneud, yn awgrymu diffyg cysylltiad a chyfathrebu rhwng y ddwy. Felly y dylem ninnau gyfrannu arian, ein hamser neu ein doniau tuag at yr anghenus a'r tlawd. Ac wedi cyflawni'r weithred rydym i anghofio amdani rhag iddi chwyddo ein blachder yn ormodol. Yn y cyd-destun hwn cofiaf glywed un tro am weinidog yn diolch fel hyn mewn cwrdd eglwys, "Hoffwn ddiolch i Mr. H. Jones am ei rodd di-enw i'r ysgol Sul."

GWOBR (Ad. 4)

Rydym i wneud ein gweithredoedd da nid er mwyn i bobl weld, ond er mwyn i Dduw sy'n gwybod pob peth weld. Nid oes un dim nad yw Duw yn sylwi arno. (Gw. Gen. 16: 13; Sal. 139; Heb. 4:13) Yn rhyfeddol dywed Iesu y bydd Duw yn gwobrwyo ac fe gyfeirir at hyn dair gwaith yn y bennod hon yn adnodau 4, 6, 18. Dywed rhai nad oes lle i'r syniad o wobr fel cymhelliad i'r Cristion fyw bywyd duwiol gan ei fod yn sawru o gyfiawnhad trwy weithredoedd. Ein braint yw byw yn dda oherwydd mai dyma yw ein dyled i Dduw. Fel y dywed Dafydd Jones, Caeo, yn ei emyn enwog,

"Mae arnaf eisiau sêl,
I'm cymell at dy waith:
Ond nid rhag ofn y gosb a ddêl,
Nac am y wobor chwaith,
Ond gwir ddymuniad llawn
Dyrchafu cyfiawn glod,
Am iti wrthyf drugarhau
Ac edrych arna'i erioed"

Ond eto fe gyfeiria Iesu yma at wobr gan y Tad, yn union fel y mae'n cyfeirio mewn mannau eraill at gosb. (Gw. hefyd Math. 10:41; 25: 14-30) Y mae'n rhaid fod hyn yn wir neu yr un fyddai diwedd person da a pherson drwg. Golygai hynny bod Duw yn ddi-hid ynglŷn â buchedd dynion. Ac onid y cam rhesymegol wedyn yw gofyn beth yw'r pwynt byw yn dda os mai yr un yw ein tynged o fyw fel y mynnwn? Un peth sy'n sicr, nid oedd Iesu'n cyfeirio at wobr faterol. Nid yw ufuddhau i Dduw yn gwarantu llwyddiant mewn gyrfa, busnes neu mewn buddsoddion ariannol, fel y gwyddai Job yn dda. Ond gellir tybio, a dyna'r cyfan y gallwn ei wneud, gan nad yw Iesu'n manylu, mai cyfeiriad sydd yma at rhyw fath o wobr ysbrydol. Ond Duw yn unig a ŵyr.

Y mae bywyd y Cristion i fod yn llawn addoliad a chlod i Dduw. Rhan o'n haddoliad yw ein bod yn rhoi o'r hyn a dderbyniasom ganddo. Y mae'r hyn oll sydd yn ein meddiant wedi ei ymddiried inni gan Dduw ac i'w ddefnyddio'n ddoeth. Disgwylir felly inni ddefnyddio ein cyflog yn ystyriol. Ein tuedd fel Cristnogion yw gosod achos Duw ac achosion dyngarol yn isel ar restr blaenoriaethau ariannol gan roi rhywbeth tuag atynt os oes rhyw geiniog neu ddwy ar ôl wedi i ni gael nid yn unig angenrheidiau bywyd ond y moethau a garwn gymaint. Y mae Iesu yn ein hannog i feddwl yn wahanol ac i gynnwys rhoi at elusennau ac at achos Duw fel un o flaenoriaethau bywyd. Rydym yn llawer rhy fydol ein hagwedd. Yn Iesu ei hun y mae'r cymhelliad godidocaf oll i roi, ac fel hyn yr ysgrifennodd Paul, *"Oherwydd yr ydych yn gwybod am ras ein Harglwydd Iesu Grist, fel y bu iddo ac yntau'n gyfoethog, ddod yn dlawd drosoch chwi, er mwyn i chwi ddod yn gyfoethog trwy ei dlodi ef."* (2 Cor. 8:9)

Testun Trafod

1. Y mae llawer o gwmnïau mawrion yn rhoi arian tuag at elusennau ar yr amod eu bod yn cael hysbysebu eu cynnyrch. A yw hyn yn iawn?

2. Y mae'n haws cael arian aelodau eglwysig na'u hamser. A yw'r gosodiad hwn yn gywir?

3. Beth yn eich tyb chi yw'r wobr y cyfeiria Iesu ati yn adnod 4?

Gwers 19 DYSGEIDIAETH AR YMPRYDIO (Mathew 6: 16-21)

Y mae nifer fawr o gyfeiriadau yn y Beibl at bobl yn ymprydio ac yn aml gwelwn fod ymprydio yn cyd-ddigwydd gyda gweddi. Dywedir yn Efengyl Luc fod y broffwydes Anna yn aros yn y deml nos a dydd yn addoli, ymprydio a gweddïo. (Luc 2: 37) Yna, yn llyfr yr Actau ceir hanes y Cristnogion yn Eglwys Antiochia yn ymprydio a gweddïo wrth geisio arweiniad gan yr Ysbryd Glân. (Act.13:2; 14:23) Dyma pam fod Iesu yn dilyn ei ddysgeidiaeth ar weddi yn y bennod hon gyda chyfeiriad at ymprydio. Ond y mae'n debygol mai'r digwyddiad mwyaf cyfarwydd yn ymwneud ag ymprydio yw hanes temptiad yr Arglwydd Iesu yn yr anialwch. Fe ymprydiodd ef am ddeugain dydd a deugain nos ac yn y cyfnod hwnnw gwynebodd Satan. (Mat. 4:1-11) Ond beth yn union yw ymprydio? Gweithred wirfoddol yw lle mae person yn dewis peidio â bwyta am gyfnod penodol er mwyn disgyblaeth neu ymarferiad crefyddol.

Yn nyddiau'r Hen Destament roedd pobl yn ymprydio mewn amgylchiadau arbennig ac y mae llu o enghreifftiau o hyn. (1 Sam. 7:5, 6; 2 Sam. 12:16, 21-23; 2 Cron. 20:3; Neh. 1:4; Es. 58:6, 9; Jer. 14: 12) Ambell dro roedd ympryd yn arwydd o edifeirwch ar ôl pechu. (Num. 29: 7-11) Dro arall byddai pobl yn ymprydio pan oedd gelynion yn eu bygwth neu wedi iddynt golli brwydr. (Barn. 20:26) Hefyd byddai ympryd yn digwydd o ganlyniad i brofedigaeth a newyddion trist. (1 Sam. 31:33; Neh. 1:4) Ystyrid ympryd hefyd fel cyfrwng i ganolbwyntio yn well. Wrth nesáu at rhyw ddigwyddiad crefyddol o bwys, e.e., comisiynu cenhadon, (Act 13: 2, 3) neu benodi henuriaid (Act. 14: 23) byddai Cristnogion yn ymprydio.

Roedd y gyfraith yn Lefiticus 16: 29-34 yn gorchymyn ymprydio a hynny un waith y flwyddyn ar ddydd y Cymod. Ond dros y canrifoedd ychwanegwyd at hyn, ac fe ddaeth ymprydio yn ddigwyddiad llawer mwy cyson ac fe amrywiai dyddiad a hyd yr ympryd. Ambell dro byddai'n parhau o godiad haul hyd ei fachlyd, dro arall am saith diwrnod, am dair wythnos neu am ddeugain diwrnod. Yn llyfr Sechareia dywedir fod pobl Israel yn ymprydio ar y pumed a'r seithfed mis. (Sech. 7) Ym mhennod 8 o'r un llyfr dywedwyd wrthynt i ymprydio ar y pedwerydd, y pumed, y seithfed a'r degfed mis. (8: 18) Yn y diwedd aeth rhai mor bell ac ymprydio ddwy waith yr wythnos fel y gwelwn yn Nameg y Pharisead a'r Publican pan y broliodd y Pharisead, *"Yr wyf yn ymprydio ddwy-waith yr wythos, ac yn talu degwm ar bopeth a gaf."* (Luc 18: 12)

Nid oedd yr Arglwydd Iesu am i'w ddisgyblion ymprydio o ganlyniad i dristwch. I'r gwrthwyneb tra roedd Ef ar y ddaear roedd am iddynt lawenhau. (Math. 9: 14, 15) Ond fe'u hannogodd i ymprydio yn anuniongyrchol ar ôl ei ymadawiad gan ddweud, *"Ond fe ddaw dyddiau pan ddygir y priodfab oddi wrthynt, ac yna yr ymprydiant."* (Math. 9:15)

YMPRYD Y PHARISEAID (Ad. 16)

"Edrychwch arnom ni," oedd hi pan oedd y Phariseaid a'r ysgrifenyddion yn ymprydio. Roedd y "Fi" fawr yn ran amlwg o'u crefydda. Gwnaent yn siwr fod pawb o'r gymdogaeth yn gwybod am eu hympryd trwy gerdded o amgylch yn aruthrol o wynepdrist gan dynnu pob math o stimiau annaturiol. Byddai rhai ohonynt yn cannu eu wynebau gyda lludw er mwyn ychwanegu at y "ddelwedd" dduwiol bruddglwyfus. Unwaith eto yr oeddent yn derbyn y wobr a geisient sef bod pobl yn sylwi arnynt a'u hedmygu. Ond yn ôl Iesu, nid felly oedd pethau i fod gan nad oedd yn ddim mwy na rhagrith llwyr.

YMPRYDIO'N GYWIR (Ad. 17)

Ond y brif ergyd yma gan Iesu yw, os oedd ei ddisgylion am ymprydio dylent eneinio eu pennau a golchi eu hwynebau gan wneud y peth mor ddi-sylw a di-rodres ac oedd bosibl. Gwelsom yn union yr un agwedd yn y ddysgeidiaeth ar elusennau (ad.2) a gweddi. (ad.5) Pwysleisir yma eto nad sioe yw crefydd i wneud argraff ar bobl eraill ond perthynas arbennig rhwng Cristion a Duw. Wrth eneinio pennau a golchi eu wynebau dim ond Duw fyddai'n gwybod yr hyn yr oeddent yn ei wneud. Y mae rhywbeth hyfryd iawn yn hyn. Yna nid oes lle i ragrith, oherwydd ni ellir rhagrithio ger bron Duw. Yn aml, gwaetha'r modd, poenwn lawer mwy beth y mae pobl eraill yn ei feddwl ohonom na'r hyn a feddylia Duw. Pwrpas addoli yw dwyn gogoniant i Dduw, ac nid i ni ein hunain. Eilunaddoliaeth yw hunan-addoliad.

YMPRYDIO HEDDIW

Nid yw'r Arglwydd yn gorchymyn i'w ddilynwyr i ymprydio, ac nid yw yn eu hatal rhag gwneud hynny ychwaith. Fe awgrymir yn y fan hon fod ymprydio yn dderbyniol a hyd yn oed yn gymeradwy mewn rhai sefyllfaoedd. Ond prin, yn fy mhrofiad i, yw'r Cristnogion hynny sydd yn ymprydio y dyddiau hyn. (Neu efallai eu bod yn cadw at eiriau Iesu i ymprydio yn y dirgel fel na wyddom amdanynt.) A oes unrhyw werth i ni fel Gristnogion i ystyried ymprydio yn achlysurol? Gellir awgrymu'r canlynol:

Condemnir pob math o ormodiaeth yn y Beibl gan gynnwys gor-fwyta. Y mae Titius yn llym ei dafod wrth gyfeirio at y Cretiaid gan eu cyffelybu i *"anifeiliaid anwar, bolrwth a diog,"* (Titus 1:12) a'r un modd fe gondemnir rhai o elynion y groes gan ddweud mai *"duw y rhai yw eu bol".* (Phil. 3:19, BYE). Yn ein cyfnod ni sydd wedi gwirioni ar fwydydd, danteithion a diodydd o bob math y mae'n werth nodi fod yr ysgrythur yn condemnio glythineb gan annog cymedroldeb oherwydd mai teml i'r Ysbryd Glân yw ein cyrff. (1 Cor. 6:19, 20) Y mae ymprydio yn dda i'r iechyd. Gall hefyd fod yn gyfle i arfer hunan ddisgyblaeth. Mewn cymdeithas sy'n ein hannog i ymblesera yn ddi-ddiwedd trwy loddesta ac i faldodi ein hunain yn aml, fe fyddai'n iachus i ymwrthod yn gyson gan ddangos nad ydym yn gaeth i'r pethau hyn.

Er hynny, nid pwrpas ymprydio yw peri manteision corfforol ond yn hytrach budd a lles ysbrydol. Fel y gwelwyd yn y wers hon fe'i defnyddid yn y gorffennol fel cyfrwng i ddangos edifeirwch a galar. Hefyd gall fod o gymorth wrth geisio canolbwyntio ar faterion pwysig neu wrth fyfyrio ar eiriau Duw a cheisio ei arweiniad. Yr egwyddor yn y fan hon yw fod person wrth ymprydio yn rhoi heibio pethau materol er mwyn hoelio ei sylw ar Dduw.

Testun Trafod

1. A fyddai unrhyw werth i ni ymprydio heddiw?

2. A ydym ni yn poeni mwy beth y mae pobl yn ei feddwl ohonom nag y mae Duw yn ei feddwl?

CHWEFROR
Gwers 20

SAFONAU NEWYDD
Yr Hen Fywyd
(Effeisiaid 4:17-19)

Yn yr adran hon (Pennod 4 - 5:21) o'r llythyr y mae Paul yn troi i ystyried y safonau newydd y mae'n ddisgwyliedig i Gristnogion eu dilyn. Yn yr adran flaenorol fe'n tywysodd i ystyried y gymdeithas newydd o bobl Dduw sy'n deulu ac yn deml i Dduw yn yr Ysbryd. Yma, y mae'n trafod egwyddorion a safonau ymarweddiad y gymdeithas newydd hon.

YR HEN FYWYD (4:17-19)

Trafodwyd yr adnodau cyntaf o bennod 4 (ad.1-16) o'r Llythyr at yr Effesiaid yn yr esboniad Ysgol Sul i oedolion gan Euros Wyn Jones, felly afraid fyddai i mi droedio'r un llwybr. Felly, neidiwn yma i fwrw golwg dros adnodau 17-24 o'r bedwaredd bennod.

Yma, annogir y Gristnogion i fyw bywyd glân a rhinweddol gan gael eu hadnewyddu'n gyson yn ysbrydol a meddyliol. Gwneir hyn mewn dwy ffordd. Yn gyntaf, fe'u hatgoffir o gyflwr y rhai sydd heb Iesu. Onid felly y buont hwy cyn iddynt gredu yn yr Arglwydd gan ildio eu bywydau i'w arglwyddiaeth? Yna, fe symudir at y cadarnhaol a'r hyn sydd yn ddisgwyliedig yn eu bywydau fel Cristnogion. Y mae troi i ddilyn Iesu yn golygu cefnu ar y ffordd di-Dduw o fyw.

HEN DDILLAD (17-19)

Ar ddechrau'r bennod hon, gelwid ar yr Effesiaid i fyw yn deilwng o'r alwad a gawsant ac yna i gynyddu'n ysbrydol yng nghymdeithas corff Crist. Yma, mewn ffyrdd ymarferol dywedir wrthynt sut y gallant fyw yn unol a'r alwad hon. Wrth gwrs y maent yn byw a gweithio mewn cymdeithas a dinas sy'n parhau i fod yn baganaidd ac annuwiol. Gwaith caled i Gristion yw gwrthsefyll yn barhaus ddylanwadau diwylliant seciwlar anghrediniol. Haws yw cyfaddawdu, ildio a hepgor egwyddorion. Er mwyn gwrthsefyll rhaid wrth ddealltwriaeth o'r hyn sy'n gywir a dealltwriaeth o'r hyn sy'n digwydd o'u cwmpas ac yn fwy na dim rhaid wrth ddisgyblaeth. Yma, mewn geiriau di-flewyn ar dafod disgrifir cyflwr cymdeithas anghrediniol gan bwyso ar y Cristnogion i beidio â bod fel hwy.

Y mae'n ddarlun digalon yn dangos sut y mae pechod yn gafael mewn cymdeithas heb Dduw. Wrth gwrs y mae anghredinwyr rhinweddol yn ein byd ond nid oes gobaith i ddynoliaeth heb Dduw. A yw'r darlun hwn yn ddarlun teg o gymdeithas sydd heb adnabyddiaeth o Dduw? Nid oes rhaid ond gweld y newyddion ar y teledu i sylweddoli yr anrhaith sydd o'n cwmpas. Marwolaeth, rhyfela, tristwch a diofalwch.

Mae'n llym iawn ei dafod ynglŷn â buchedd y rhai annuwiol. Dywed bod eu deall yn dywyll, eu bod yn ddieithr i Dduw a'r rheswm am hyn yw ystyfnigrwydd eu calon. (ad. 17.) (BYE "dallineb eu calon") Y mae'r gair calon yn cynrychioli nid yn unig person yn ei gyfanrwydd ond hefyd canol bodolaeth y person hwnnw. Y gair Groeg a gyfieithir yn y BCN am ystyfnigrwydd yw "porosis"; math o farmor yw "poros" ac yn y byd meddygol fe olyga galeden neu dyfiant esgyrnog mewn cymalau. Felly golyga'r ferf "poroun", caledu, troi'n ddi-deimlad neu hyd yn oed yn ddall pan ddefnyddir y gair yng nghyd-destun gweld. Calon galedwch, neu calon ddallineb yw amharodrwydd pobl i ymateb i wirioneddau Duw yng Nghrist. Yr oedd hwn hefyd yn ôl Eseciel yn nodwedd o bobl Israel, meddai Duw wrthynt, *"Rhof i chwi galon newydd, a bydd ysbryd newydd ynoch; tynnaf allan ohonoch y galon garreg, a rhof i chwi galon o gig."* (Eseciel 36:26) O ganlyniad i'r caledwch hwn y mae eu deall yn dywyll, cyfeirir yma yn bennaf at eu deall ysbrydol a'r anallu heb oleuni Crist i amgyffred Duw. Ategir y safbwynt hwn yn y Llythyr at y Rhufeiniaid, pryd y dywedir *"ac y mae wedi mynd yn dywyllwch arnynt yn eu calon di-ddeall,"* (1:21) ac *"Er honni eu bod yn ddoeth, y maent wedi gwneud eu hunain yn ffyliaid."* (1:22) Oherwydd eu calongaledwch y mae'r bywyd a ddaw oddi wrth Dduw yn ddieithr iddynt ac o ganlyniad gellir byw bywyd fel y mynnir heb unrhyw derfynau moesol nac egwyddorol. Nid oes neb i gadw llyffethair ar eu hymddygiad a gellir hyd yn oed *"alw'r drwg yn dda, a'r da yn ddrwg"* neu *"gwneud tywyllwch yn oleuni, a goleuni yn dywyllwch."* (Eseia 5:20) O glawr i glawr dywed y Beibl fod pobl di-Dduw yn rhodio yn y tywyllwch, yn ddi-arweiniad ac yn ddi-gyfeiriad.

MARWEIDDIO (Ad. 19)

Yna, y mae'r calon galedwch yn marweiddio cydwybod fel ei fod yn gwbl ddi-deimlad ac analluog i rybuddio ei berchennog o'r hyn a wna. Y mae poen corfforol yn rhybuddio person bod rhywbeth o'i le, ac yn ei atal rhag gwneud rhywbeth sydd yn ei niweidio. Ond pan mae'r gallu i deimlo poen yn mynd yna mae'r corff mewn perygl. Yr un syniad a geir yma, bod y Cenhedloedd wedi colli'r gallu i deimlo poen euogrwydd ac felly'n ymroi i anlladrwydd ac aflendid o bob math. Yr oeddent yn rhoi wadin trachwant yn larwn cydwybod i'w atal rhag eu rhybuddio. Yr oedd eu cydwybod wedi ei serio. (1Tim. 4:2) Y mae anlladrwydd yn golygu ildio i bob math o chwantau cnawdol a chyflawni pob math o weithredoedd aflan ac anniwair. Y mae gan drachwant archwaeth iachus iawn na ddiwellir ac fel gelen Diarhebion gwaedda, "moes, moes". (Diarhebion 30:15) Am fanylion pellach am y pethau hyn gweler 4:25-31; 5:3-11, 15, 18 a Rhufeiniaid 1:26-32. Efallai yr ymddengys yr hyn a ddywed Paul yn chwyrn i rai, ond eto onid dyma a welwn o fewn i'n cymdeithas yng Nghymru? Rhai a'u cydwybod wedi ei farweiddio gan fydolrwydd yn pechu am y gorau. Y mae'n bwysig fod Cristnogion yn deall pa mor ddrwg y gall ein byd fod fel y sylweddolwn mai yng Nghrist y mae'r unig obaith. Dyma rai o'r hen ddillad, sydd i'w diosg.

Testun Trafod

1. A oes gan bawb gydwybod? Beth yw ei bwrpas, a sut y mae y gydwybod yn cael ei llunio?

Gwers 21 — DILLAD NEWYDD (Effesiaid 4: 20-24)

Yn yr adnodau hyn trown at y dillad newydd sydd wedi eu paratoi ar ein cyfer. O ran egwyddor, beth bynnag, y mae'r bobl y mae Paul yn eu cyfarch trwy gyfrwng y llythyr hwn - sef Cristnogion - mewn cae gwahanol i'r rhai yn y wers ddiwethaf. Y mae hyn yn wir ers y funud y daeth Iesu i'w calonnau a'u bywydau.

*"O'r fath **newid rhyfeddol** a wnaed ynof fi,*
Daeth Iesu i'm calon i fyw."

Y mae Iesu o reidrwydd yn newid pobl er gwell ac yn eu sancteiddio. Gall afael yng ngwar y person mwyaf anwaraidd a'i gwneud yn golofnau ei achos. Dyma ddigwyddodd yn hanes taid Gwilym Hiraethog. Yr oedd ef yn ddyn mawr cyhyrog a ymfalchïau yn ei allu i ymladd ac yn aml byddai'n paffio gydag eraill. Ond trwy ras fe'i hachubwyd a defnyddiwyd ei ddoniau i gadw trefn mewn cyfarfodydd pregethu awyr agored. Yr oedd yr Effesiaid hwythau yn Iesu wedi dysgu ffordd wahanol o fyw i'r uchod.

Y mae yn adnodau 20 a 21 rhyw naws ysgol, *"yr ydych wedi dysgu Crist," "yr ydych wedi ei glywed" ac "yr ydych wedi eich hyfforddi ynddo."* Yma gwelwn mai Crist yw popeth ac mai rhan hanfodol o'r bywyd Cristnogol yw treulio amser wrth draed ac ym mhresenoldeb Iesu gan ildio ein bywydau i'w arweiniad. Gwelwn yma mai,

a. **Crist yw'r cwricwlwm** a phwnc craidd yr addysg, *"yr ydych wedi dysgu Crist"*. Dysgant am y Gair a wnaethpwyd yn gnawd, am y Duw-ddyn a ddaeth i'w plith, am ei farw, ei gyfodiad a'i deyrnasiad. Ond yn y cyd-destun hwn rydym hefyd i ddysgu am ei gyfiawnder ac am ofynion moesol bod yn ddisgybl iddo.

b. **Crist yw'r athro.** Yn BYE cyfieithir *"yr ydych wedi clywed amdano"*(BCN), fel "os bu i chwi ei glywed ef." Y mae hyn oherwydd nad yw'r arddodiad "amdano" ym mhob llawysgrif

Groeg. Yn ôl y cyfieithiad hwn llais Iesu a glywn wrth ddysgu amdano. Iesu yn llefaru trwy athrawon Cristnogol. "O llefara addfwyn Iesu, Mae dy eiriau fel y gwin."

c. **Crist yw'r cyd-destun,** oherwydd, yr oddent wedi eu hyfforddi **ynddo.** Oherwydd yn Iesu y mae'r gwirionedd a dyma brofiad pob Cristion. Fel, y mynegodd Padrig o Iwerddon yn ei weddi enwog,

Grist bydd gyda mi, Crist o'm mewn,
Crist y tu cefn i mi, Crist y tu blaen i mi,
Crist yn fy ymyl i, Crist i'm hennill i,
Crist i'm cysuro a'm hadfywio,
Crist o danaf, Crist uwch fy mhen,
Crist mewn distawrwydd, Crist mewn perygl,
Crist yng ngenau ffrind neu ddieithryn.

DIOSG A GWISGO (Ad. 22-24)

Ond beth oedd diben a chanlyniad yr hyfforddiant hwn? Ceir yr ateb yn adnodau 22-24.

Yn gyntaf, *"Fe'ch dysgwyd eich bod i roi heibio'r hen natur ddynol oedd yn perthyn i'ch hen ymarweddiad sy'n cael ei llygru gan chwantau twyllodrus."* Pan y mae person yn credu yn Iesu y mae'n ddigwyddiad chwildroadol yn ei fywyd. Wedi i berson gael tröedigaeth fe olyga bod rhaid diosg yr hen natur ddynol di-Dduw ac anghrediniol gan wisgo y natur ddynol newydd a gawn trwy Iesu. Ond nid un digwyddiad unwaith ac am byth yw'r dadwisgo hwn; fel y dywedir am y Cynulliad Cenedlaethol nid "digwyddiad ydyw ond proses". Y mae'r Beibl a phrofiad yn ein dysgu bod yn rhaid diosg yr hen natur yn feunyddiol, ddydd ar ôl dydd. "Gwnes addunedau fil i gadw'r llwybr cul, ond methu rwyf." Y mae hen ddillad yn aml yn gyfforddus i'w gwisgo ac felly'n anodd eu diosg. Yr un modd gyda'r hen natur, mae'n glynnu ynom, ac yn gyndyn i'n gadael. Mae hen chwantau, hen hunanoldeb, hen ariangarwch a hen chwerwder yn glynnu ynom. Ond gelwir arnom i'w rhoi heibio.

Yn ail, (adnod 23) y mae'n hanfodol ein *"bod i ymadnewyddu mewn ysbryd a meddwl."* Ni allwn mewn gwirionedd wisgo'r dillad newydd heb i'n ffordd o feddwl gael ei drawsnewid. (Gw.Rhuf. 12:2) Y mae hyn yn cymryd ymdrech a disgyblaeth. Oherwydd y ffordd i ymadnewyddu ysbryd a meddwl yw trwy ddarllen y Beibl yn gyson gan ofyn i'r Ysbryd Glân ein sancteiddio. Ni ellir gor-bwysleisio pwysigrwydd y Beibl a gweddi yn natblygiad y bywyd Cristnogol. Y mae'n rhaid i ni fel Cristnogion yng Nghymru ail-ddarganfod hyn gan sylweddoli os na chawn ein porthi gan yr ysgrythur a'n dyfrio trwy weddi marw fydd ein tystiolaeth.

Yn drydydd, (adnod 24) *"a gwisgo amdanoch y natur ddynol newydd sydd wedi ei chreu ar ddelw Duw."* (Gw. hefyd Eff. 2:10; 2 Cor. 5:17; Gal 6:15; Titus 3:5) Wedi rhoi heibio'r hen yr ydym i wisgo amdanom y newydd sy'n rhodd gan Dduw ac wedi ei theilwra ganddo. Y mae gras Duw nid yn unig yn adnewyddu'r llun a'r ddelw a ddinistirwyd gan bechod yn y cwymp ond yn creu'r ddelw o'r newydd. (Gen. 2:4-3:24; 1 Cor. 15:21-22) Y mae hon eto yn weithred ymwybodol ar ran y Cristion, rhaid gwisgo cariad, llawenydd, tangnefedd, goddefgarwch amdanom. (Gw. Galatiaid 5:22) Nid digon diosg yr hen, rhaid gwisgo'r newydd. Os ydym yn gas gyda rhywun heddiw, rhaid edifarhau a rhoi heibio y pechod hwnnw, ond yna rhaid gwisgo amdanom gariad a goddefgarwch.

Testun Trafod.

1. Ym mha ffordd y mae'r hen natur ddynol yn dal ei gafael ynom?

2. Yma y mae Paul yn esbonio sut y mae person yn dod i gredu yn Iesu. Trafodwch y ffordd y daethoch chi i gredu ynddo.

Gwers 22 RHEOLAU'R BYWYD NEWYDD (Effesiaid 4:25 - 27)

Wedi cyfeirio yn gyffredinol at gyflwr cymdeithas anghrediniol a di-Dduw ymhelaetha Paul yn yr adnodau hyn gan fod yn fwy penodol. Yma, cyfeirir ganddo at rai o nodweddion y bywyd da, a'r ymddygiad sydd i harddu bywyd y Cristion.

Cofiaf ddarllen am hanes ffermwr a gafodd dröedigaeth yn ystod Diwygiad 1859. Yn fuan wedi iddo gredu yn Iesu, yr oedd yn aredig cae ar ei dir a'r ceffylau yn bod yn hynod anufudd ac ystyfnig. Wrth i'r ceffylau fod fel mulod ymgynddeiriogodd eu perchennog gan ddechrau tyngu, rhegi, melltithio a chwythu bygythion yn gawodydd. Yna, sylweddolodd yr hyn yr oedd yn ei wneud ac meddai mewn gweddi syml. "Arglwydd, yr hen wreichion, yr hen wreichion." I bob Cristion y mae'r hen natur ddynol yn mynnu dal ei gafael ynom ac y mae yn waith dyddiol i gesio atal yr hen wreichion rhag tasgu o'n cymeriad a chychwyn tân. Yn y paragraff blaenorol cyfeiriai Paul mewn geiriau cyffredinol at yr hen fywyd heb Grist. Yma, y mae'n troi at bechodau neilltuol y mae'n rhaid eu disgyblu a'u diosg. Y mae yma 4 enghraifft sef, celwydd, dicter, lladrata, a geiriau drwg. Edrychwn ar ddwy ohonynt yn y wers hon. Rhaid i'r Cristion ymdrechu - gyda chymorth yr Ysbryd Glân - i roi heibio'r gwendidau hyn.

1. CELWYDD (Ad. 25)

Y peth cyntaf yw celwydd. Dylid gosod o'r neilltu pob celwydd a phob siarad celwyddog gan ddweud y gwir bob amser. (Gw.Sech. 8:16; Col. 3: 9, 10.) Fe ddylai dilynwyr yr Arglwydd Iesu gael eu hystyried o fewn eu cymunedau fel pobl eirwir y gellir dibynnu'n llwyr arnynt. Ym 1801 cyhoeddwyd *'Rheolau a Dybenion...... y Methodistiaid yng Nghymru'*. Dyma grynodeb o reol 13. Disgwylid i'r aelodau "fod o wefus bur.....yn ochelgar rhag pob llwon a rhegfeydd ac yn eirwir a gonest." Yr oedd hi'n ddyletswydd dweud y gwir wrth gymydog. Y mae celwydd yn dueddol o feithrin celwyddau ac y maent yn ddinistriol i berthynas pobl a'i gilydd, i'r eglwys ac i iechyd cymunedau.

Y rheswm a roddir dros beidio â dweud celwydd yw, *"oherwydd yr ydym yn aelodau o'n gilydd."* Os yw Cristnogion yn ceisio twyllo ei gilydd y mae hyn yn golygu eu bod yn torri'r cwlwm o gariad a brawdgarwch sydd yn eu clymu'n un. Y maent yn aelodau o'r un corff ac felly rhaid iddynt fod yn gwbl onest gyda'i gilydd. Dywedodd Chrysostom un tro, "Os yw'r llygad yn gweld sarff, a yw'n twyllo'r troed? Os yw'r tafod yn blasu chwerwder, a yw'n twyllo'r stumog?" Pan mae aelodau yn eirwir gyda'i gilydd yna mae'r corff yn gallu gweithio'n effeithiol.

Y mae'n bwysig hyrwyddo hyn yn awr oherwydd y mae llawer o elfennau celwyddog yn ein cymdeithas ni heddiw. Clywn yn fynych am dwyll o fewn i gylchoedd gwleidyddol ac ym myd busnes gydag arweinyddion yn bod yn "ddarbodus gyda'r gwirionedd." Er lles rhaid gwrthweithio'r duedd hon. Yr oedd pobydd un tro a brynai ei fenyn gan ffermwr, ond roedd yn amau nad oedd mesuriadau'r ffermwr yn gywir ac nad oedd ei bwys o fenyn yn bwys. Cyhuddwyd y ffermwr ac fe'i arestiwyd. Amddiffynodd y ffermwr ei hun a dywedodd nad oedd ganddo glorian ac felly yr oedd yn mesur ei bwys o fenyn gyda thorth bwys y Pobydd. Ymaith a chelwydd

2. DICTER (Ad.26, 27)

Nodwedd arall o'r hen natur yw dicter anghyfiawn. h.y., ymgynddeiriogi a bod yn flin, annymunol a checrus tuag at eraill. (Gw. Salm 4: 4)

Dicter Anghyfiawn. *"Byddwch yn ddig, ond peidiwch â phechu."* Golyga hyn bod yna ddau fath o ddicter sef dicter sy'n bechod a dicter sy'n gyfiawn. Mae yna ddicter sy'n hunanol, milain ac sy'n mynnu dial ar unrhyw un sy'n tynnu'n groes i'n barn ni ein hunain. Dicter sy'n gwbl afresymol ac sy'n esgor ar gasineb tuag at eraill - y gwyllt, fel ei gelwir mewn rhai ardaloedd. Gwyddom yn iawn beth yw hwn, ambell dro gwyddom sut y gallwn ni ein hunain ymateb yn gwbl wyllt a ffôl. Y mae'r cyngor hwn yn addas, nid yn unig i Gristnogion ond i bawb sy'n byw mewn oes lle mae pobl yn digio am y rhesymau mwyaf dibwys. Y mae'r dicter hwn yn arwain i bechod ac nid oes lle iddo ym mywyd y Cristion. Y mae'r salmydd hefyd yn ein hannog i reoli ein dicter, ac ysgrifenna, *"Paid a digio; rho'r gorau i lid; paid a bod yn ddig, ni daw ond drwg o hynny."* (Salm 37: 8)

Dicter Cyfiawn. Ond y mae yna hefyd ddicter cyfiawn, oherwydd dywed Paul yma, "digiwch", ond dicter yw hwn o dan reolaeth. Cofiwn fod Iesu'n achlysurol yn digio fel yn Marc 3:5, *"yna edrychodd o gwmpas arnynt mewn dicter, yn drist oherwydd eu dallineb meddwl..."* ac ar achlysur glanhau'r Deml. (Gw. Io. 2:13 - 17) Nid oedd ei ddicter Ef yn deillio o bechod nac yn arwain i bechod oherwydd yr oedd yn cadw rheolaeth lwyr ar ei deimladau. Dywedir hefyd am Dduw, ei fod yn *"hwyrfrydig ei lid, a mawr o drugarowgrwydd."* Gall Duw fod yn llidiog ond mae ei lid yn gyfiawn, amyneddgar a phwyllog. (Gw. 1 Bren.11:9; Salm 7:11; 85: 4; 90:7, 9, 11.) Mewn oes ddi-hid fel ein hoes ni hwyrach y dylai'r eglwys a Christnogion ddangos rhywfaint mwy o ddicter cyfiawn tuag at bechod, drygioni ac anghyfiawnderau cymdeithasol yn ein byd ac yn ein bywydau, oherwydd y maent yn groes i ewyllys Duw.

Ychwanega Paul ddau rybudd yma. Y cyntaf yw *"peidiwch â gadael i'r haul fachlud ar eich digofaint."* Nid yw dilynwyr Crist i feithrin dicter yn eu calonnau dros gyfnod hir. Yn wir y cyngor yma yw y dylid cymodi a cheisio darfod gyda'r dicter cyn terfyn dydd. Y mae hwn yn sicr yn gyngor doeth i ŵr a gwraig, i aelodau o'r un teulu, i gyfeillion mewn eglwys, y dylent gymodi yn hytrach na dal dig dros gyfnod. Dywedir yn 1 Cor. 13 fod cariad yn amyneddgar ac nad ydyw yn *"cadw cyfrif o gam"*, y mae'r Cristion i faddau fel y mae ei Dad nefol yn maddau.

Yn ail, *"peidiwch â rhoi cyfle i'r diafol"*. Gall dicter droi yn gasineb a gwylltineb sy'n ein arwain i golli rheolaeth arnom ein hunain. Gŵyr y diafol am hyn ac y mae yn barod iawn i gymryd mantais arnom a'n harwain ar gyfeiliorn. Felly, nid ydym ar unrhyw gyfrif i roi lle i'r diafol ddylanwadu arnom. Fel y dwedir yn Llythyr Iago, *"Gwrthsafwch y diafol, ac fe ffy oddi wrthych."* (Iago 4:7)

Testun Trafod.

1. Ym mha ffordd y mae cyngor Paul yma yn ein galluogi i ddelio gyda sefyllfaoedd a phobl sy'n ein digio a'n gwylltio?

2. A yw'r diafol yn dylanwadu arnom?

Gwers 23 LLADRATA A GEIRIAU DRWG (Effesiaid 4: 28-32)

LLADRATA. (Ad.28)

Edrychwn yma ar y ddwy enghraifft arall sydd gan Paul o bethau sydd yn rhaid eu diosg sef, lladrata a geiriau drwg. Y mae pob Cristion i ymatal rhag lladrata ac i geisio bywoliaeth onest er mwyn cynnal ei hun a chyfrannu at y rhai sydd mewn angen. Mae'n rhaid bod yna gyn-ladron yn yr eglwys yn Effesus a lwyddent i fyw trwy eu drygwaith. Nid yw'r Cristion i fod ofn gwaith caled, i'r gwrthwyneb dyma yw ei ddyletswydd. (Gw. 1 Thes. 4:11; 2 Thes. 3:10-12) Sylwer hefyd nad unig bwrpas cael gwaith a chyflog yw bodloni'r hunan gan lenwi'n tai gyda phob math o foethau di-angen. I'r Cristion y mae cyfrifoldeb lletach ynghlwm wrth ei lafur, sef i roi i'r rhai sydd yn anghenus o'i amgylch. Cofiai Iesu yn gyson am y tlodion (Gw. Math. 19:21; Luc 14:13; Ioan 13:29) ac felly hefyd yr eglwys fore. (Gw.Act. 2:44; 4:32)

Wrth gwrs y mae'r geiriau hyn yn adleisio'r wythfed gorchymyn, sef, "Na ladrata." (Exo. 20:15) Y mae hwn yn hollgynhwysfawr sef, nad ydyw pobl Dduw byth yn cymryd eiddo pobl eraill. Y mae hyn yn cynnwys dwyn arian a meddiannau, twyllo ar ffurflenni treth; twyllo cyflogwr trwy ddefnyddio adnoddau e.e., llungopïwr, ffôn, cyfrifiaduron heb ganiatâd; twyllo gweithwyr trwy beidio a rhoi cyflog sy'n ddyledus iddynt a phob math o bethau eraill.

Wrth ddarllen y geiriau hyn, rhaid bod yn ymwybodol yn yr hinsawdd economaidd bresennol nad yw pawb yn gallu canfod gwaith. Y mae rhai yn ceisio'n galed yn llenwi ffurflenni cais am swyddi ond yn methu. A ydym ni fel eglwysi yn gwneud digon i'r cyfryw rai? Pa ddarpariaethau a wnawn ar gyfer y di-waith?

SIARAD BUDR (Ad.29)

Yr enghraifft olaf a roddir yw "gair drwg". Nid yw disgyblion Iesu i yngan geiriau drwg. Ambell dro ystyr y gair Groeg (sapros) a gyfieithir "drwg" yma yw "pydredig"; "ymadroddion llygredig" yw'r cyfieithiad yn ôl Beibl yr Esgobion ac ystyr hyn meddai James

Hughes (Iago Trichrug) yw "ymadrodd mursenaidd, cnawdol ac aflan". Siarad budr/brwnt efallai y byddem yn ei ddweud yn awr am hyn. Yr ydym i ymatal rhag siarad yn aflan mewn ffordd lygredig sy'n diraddio a brifo pobl. Yn hytrach yr ydym i yngan geiriau adeiladol sy'n dwyn bendith i'r sawl a'u clyw.

Yn yr oes hon y mae llawer yn gwneud bywoliaeth o siarad yn sathriedig ac aflednais ac fe'u ceir yn fynych ar y teledu ac mewn cyhoeddiadau. Rhoddir bri mawr i'r rhai sy'n gallu bod yn ffiaidd ac sy'n feistri ar arwain eraill i fyfyrio ar bethau ffiaidd. Nid yw'r Ysgrythur yn canmol y fath bobl oherwydd adlewyrchu y mae eu geiriau yr hyn sydd yn eu calonnau. (Gw.Math. 12:33-37; Iago 3:1-12)

TRISTÁU'R YSBRYD (Ad. 30)

Wedi iddo gyfeirio at y 4 peth uchod y mae Paul yn cynghori'r Effesiaid i beidio â thristáu'r Ysbryd Glân. Y mae'n rhyfedd meddwl fod yr Ysbryd yn cael ei dristáu gan ddiffyg sancteiddrwydd a phurdeb pobl Dduw. Y mae pob pechod boed fawr neu fach yn wrthryfel yn erbyn Duw ac yn peri tristwch iddo. Nid Duw di-deimlad yw'n Duw ni fel ffug dduwiau'r Groegiaid. Credent hwy nad oedd digwyddiadau daearol yn mennu fawr ddim ar eu aml-dduwiau yn y nefoedd. Nid felly'r Duw Cristnogol, y mae digwyddiadau yn effeithio arno ac y mae drygioni ac aghyfiawnder yn peri gofid iddo. Gellir tybio bod Duw yn wylo dagrau hallt ambell dro wrth weld yr anfadwaith sydd yn y byd ac o gasineb dynion tuag at ei gilydd. Felly, fel beudy rhaid carthu ein calonnau a'n meddyliau yn ddyddiol o bopeth nad yw'n unol ag ewyllys Duw.

SÊL

Rhydd yr Ysbryd sêl sy'n sicrwydd y bywyd a'r etifeddiaeth a ddaw i ran y Cristion yn y diwedd ac fe ddylai hynny fod yn annogaeth digonol iddo ymdrechu i lanhau ei fywyd. (Gw. Eff.1:13) Y mae sêl yn arwydd o berchnogaeth a dilysrwydd. Byddai gwartheg a hyd yn oed caethweision yn cael eu serio gyda sêl eu meistr i ddangos pwy oedd eu piau. Ond nodau allanol oedd y rheiny, tra mae nodau Duw yn fewnol yn y galon. Eiddo Duw ydym gan iddo ein prynu trwy Iesu.

Y mae'r bennod hon yn cloi (ad.31) gydag annogaeth pellach. Rhoddir gosodiad negyddol yn gyntaf yn annog y Cristnogion i fwrw ymaith 6 o wendidau ac yna gosodiad cadarnhaol yn eu hysgogi i feithrin cymdeithas dda. Nodwn yn fyr iawn y 6 gwendid:

i. Chwerwder. Golyga hyn ysbryd sur a siarad chwerw. Gwyddom am rai sy'n teimlo eu bod hwy wedi cael cam yn ystod eu bywydau ac oherwydd hynny y maent yn sur eu hagwedd tuag at bopeth. Tanseiliant ymdrechion eu cyd-Gristnogion trwy fychanu a gwneud sylwadau cwbl anadeiladol. Nid oes dim tristach na phobl chwerw, heblaw am Gristnogion chwerw.

ii. Llid a digofaint. Y mae'r geiriau hyn yn cyfeirio at wylltineb, tymer ymfflamychol sy'n deillio o gasineb personol. Fel Duw ei hun disgwylir i'r Cristion fod yn bywllog ac araf i ddigio. (Gw. Rhuf. 2:8; Col. 3:8; Dat. 16:19)

iv. Twrw. Ystyr hyn yw "person blin myfiol swnllyd, sydd am i bawb glywed ei gŵyn." Unwaith eto gwyddom am rai o'r rhai hyn sy'n swynllyd a di-wrando.

v. Sen. Y gair Groeg yma yw *blasphema* a ddefnyddir yn fynych yn y Beibl i ddynodi siarad yn erbyn Duw ond hefyd fe'i defnyddir am siarad yn erbyn cyd-ddyn.

vi. Drwg deimlad. Yn olaf rhaid i Gristnogion fwrw heibio pob drwg deimlad oherwydd y mae hwn yn niweidiol i gymdeithas y saint ac yn aml yn peri rhwygiadau. Rhaid i Gristnogion fyw bywyd disgybledig sy'n gofyn am esgymuno popeth a all arwain person i siarad a gweithredu'n ddrwg yn erbyn ei gyd-ddyn.

Ond nid yw Paul yn gadael pethau yn y fan honno oherwydd yn eu lle dylid meithrin nodweddion sy'n perthyn i Dduw ei hun a'r Arglwydd Iesu. Byddai diosg yn unig yn gadael gwagle mawr ym mywyd pobl, rhaid llenwi'r gwagle hwnnw gyda rhinweddau sydd i'w gweld yn Nuw trwy Grist. (Gw. Col. 3:12) O fewn i'r eglwys y mae tiriondeb a chalon dynerwch i fod yn amlwg, a phobl yn barod eu maddeuant tuag at ei gilydd. Mae diffyg maddeuant yn esgor ar sen a thwrw a gwendidau eraill. O ganlyniad i hyn nid gwg fyddai ar wyneb yr Ysbryd na dagrau ar ei ruddiau, ond yn hytrach gwên.

Testun Trafod

1. A yw hi'n dderbyniol dweud celwydd ambell dro?

2. A ydym yn ystyried ein dyletswydd tuag at y tlodion yn ddigonol wrth ennill cyflog?

3. Beth yw ein cyfrifoldeb tuag at y di-waith? A oes gennym ddarpariaethau arbennig ar eu cyfer?

4. A dybiwch chi fod Duw yn gallu wylo?

MAWRTH **SAFONAU NEWYDD**

Gwers 24 **EFELYCHWYR**

(Effesiaid 5: 1-7)

TAD A PHLANT (Ad. 1, 2)

Ar ddechrau'r bumed bennod y mae Paul yn parhau ar yr un trywydd a diwedd y bedwaredd gan annog Cristnogion Ephesus i fyw bywydau glân. Meddai, *"Byddwch felly yn efelychwyr Duw"*. Y cyfieithiad yn BYE yw "dilynwyr", ond y mae'r gair gwreiddiol "mimetai" yn awgrymu mwy na hynny sef dynwared neu efelychu. Onid yw cais Paul yma yn ymddangos yn eithafol, oherwydd sut y gallwn ni mewn gwirionedd efelychu Duw? Nid ydym yn yr un cosmos heb sôn am fod yn yr un cae a Duw o ran gogoniant. Oherwydd y mae Duw yn anghymarol yn ei fawredd a'i alluowgrwydd, a'r cyfan y gallwn ni ei wneud yw sefyll yn geg-agored mewn parch wrth feddwl am ei odidowgrwydd di-derfyn. Safwn gyda Soffar gan ddweud, *"A elli di ddarganfod dirgelwch Duw, neu gyrraedd at gyflawnder yr Hollalluog? Y mae'n uwch na'r nefoedd. Beth a wnei di? Y mae'n is na Sheol. Beth a wyddost ti? Y mae ei fesur yn hwy na'r ddaear, ac yn ehangach na'r môr."* (Job. 11: 7-9) Gydag Eseia gwelwn yr Arglwydd yn eistedd ar orsedd, gwelwn y seraphiaid yn cuddio eu hwynebau gan ddweud, *"Sanctaidd, sanctaidd, sanctaidd, yw Arglwydd y Lluoedd; y mae'r holl ddaear yn llawn o'i ogoniant."* Ac fel y proffwyd dywedwn, *"Gwae fi! Y mae wedi darfod amdanaf! Dyn a'i wefusau'n aflan ydwyf, ac ymysg pobl a'u gwefusau'n aflan yr wyf yn byw; ac eto, yr wyf â'm llygaid fy hun wedi edrych ar y brenin, Arglwydd y Lluoedd."* (Es. 6: 1-5) Pwy ydym ni lwch y llawr i dybio y gallwn efelychu Duw, llawer mwy addàs fyddai i ni ymgrymu a dweud gyda Pedr, *"Dos ymaith oddi wrthyf, oherwydd dyn pechadurus wyf fi, Arglwydd."*

Eto y mae Paul yn ein hannog i efelychu Duw, ac ni fyddai wedi dweud hyn oni bai am y ffaith ryfeddol ei bod yn bosibl. (Gw. Math. 5:43-48; Luc 6:35; 1 Io. 4:10,11) Y mae hyn y bosibl oherwydd ein bod wedi ein creu ar ei lun a'i ddelw, oherwydd fod ei Ysbryd yn trigo ynom ac oherwydd ein bod trwy ei ras wedi dod yn blant iddo. Cadernheir hyn gyda'r geiriau, *"fel plant annwyl iddo"*. Yma cyffelybir y Cristion i blentyn, a phwy sy'n well am efelychu na phlant? Yn y flwyddyn gyntaf yn Ngholeg Bala Bangor, cyfarfyddais gyda nifer o fyfyrwyr eraill. Yr oedd un ohonynt byth a hefyd yn chwarae gydag arian ym mhoced ei drowsus ac yn rhoi ei law dde ar ei wegil. Un diwrnod ymwelodd ei dad, safodd yn nrws yr Ystafell Gyffredin, cyfarchodd ni, ac wrth wneud hynny rhoddodd ei law yn ei boced i chwarae gyda'r arian mân a'i law dde ar ei wegil. Roedd y mab yn ddiarwybod iddo'i hun yn efelychu'r tad. Digwyddai hyn oherwydd eu bod wedi treulio llawer o amser yng nghwmni ei gilydd. Yn yr un modd wrth i ninnau dreulio amser gyda Duw, yn Dad, Mab ac Ysbryd Glân, yn gwrando ac ufuddhau i'w eiriau, yn gweddïo ac addoli deuwn yn debyg iddo. Yr esiampl a rydd Paul i efelychu Duw mewn cariad yw cariad hunan-aberthol Iesu ei hun. Y mae cariad i fod yn sylfaen ein meddyliau, ein geiriau a'n gweithredoedd. Hefyd, pwysleisir nad esiampl foesol yn unig yw Iesu ond hefyd Gwaredwr pechodau oherwydd rhoddodd ei hun yn aberth trosom ni. Aberth oedd yn gymeradwy gan Dduw, *"o arogl pêr."* Defnyddir yr un ymadrodd gan Paul wrth gyfeirio at rodd y Philipiaid (Phil. 4: 18) ac wrth gyfeirio at Gristnogion fel perarogl Crist. (2 Cor. 2: 14-16; gw. hefyd Io. 12:3)

ANLLADRWYDD (Ad. 3, 4)

Eisoes yn y llythyr hwn y mae Paul wedi cyferio yn gyffredinol at roi heibio'r hen natur ddynol a gwisgo'r natur newydd yng Nghrist. Ysgrifennodd yn benodol am roi heibio twyll a chasineb gan roi gwirionedd a chariad yn eu lle. Yn y fan hon y mae'n troi yn sydyn o ystyried cariad aberthol Crist i sôn am anlladrwydd. Mae'r gwrthgyferbyniad yn hynod drawiadol. Cofiwch mai ysgrifennu at Gristnogion y mae Paul yma, a gredodd yn yr Arglwydd tra'n byw ym morthladd Effesus. Dinas oedd yn enwog am ei haddoliad o'r dduwies Diana ac yr oedd puteinio a chywestach yn ran o'r grefydd baganaidd. Yn y diwylliant paganaidd hwnnw yr oedd pob math o anfoesoldeb rhywiol nid yn unig yn dderbyniol ond mewn rhai cylchoedd yn cael eu dyrchafu fel rhinweddau. Dyma pam fod Paul mor blaen ei dafod yma wrth gyfeirio at yr amrywiol bechodau, yr oeddent o gwmpas y Cristnogion ym mhob man ac yr oedd canran uchel ohonynt wedi eu hachub o'r cefndir hwnnw.

Dywed na ddylid enwi puteindra, aflendid na thrachwant yn eu plith. Nid yn unig yr oeddent i ymatal rhag cyflawni anfoesoldeb rhywiol ond nid oeddent hyd yn oed i feddwl na sgwrsio amdanynt. Nid oeddent ychwaith (ad.4) i siarad yn fasweddus ymhlith ei gilydd trwy fryntni a chleber ffôl a siarad gwamal. Mae'n debygol mai cyfeiriad sydd yma at siarad anweddus am orchestion rhywiol pobl a phrepian am sgandalau cyfoes. Wrth gwrs ein Ephesus ni yw'r cyfryngau, y teledu yn bennaf, ond hefyd ffilmiau, fideos a llenyddiaeth sydd yn llawn delweddau rhywiol awgrymog. Y mae llawer un yn gwneud bywoliaeth o serthedd, siarad aflan a bod yn anweddus, yr hyn a elwir yn gomedi gan rai. Y mae Cristnogion i ymwrthod rhag y pethau hyn. Yr hyn sydd yn addas i Gristion yw geiriau o ddiolch. Y mae gan Gristnogion enw am fod yn negyddol tuag at ryw a'r rheswm pam y rhoddir yr argraff hon yw eu bod yn credu mai rhodd ydyw gan Dduw i wraig a gŵr priod ac felly y mae'n destun diolch ac nid yn rhywbeth i'w gymryd yn ysgaf a'i amharchu. Hefyd rhaid nodi nad yw Paul yn gwahardd hiwmor, tynnu coes a hwyl iach yn y fan hon. Y mae hwnnw'n beth derbyniol a rhagorol. Dywed llyfr y Pregethwr fod *"amser i chwerthin"* (Preg. 3:4) a dywed y Diarhebion fod *"calon lawen yn rhoi iechyd."* (Diar. 17:22)

Y RHESWM (Ad. 5-7)

Yna, wrth gloi yr adran hon ceir y rheswm am y ddysgeidiaeth a'r gwaharddiadau uchod. Sef, na fydd neb sydd yn byw bywyd anfoesol anedifeiriol yn etifeddu teyrnas Crist. Eu chwantau yw eu heilunod. Ail-adroddir hyn dro ar ôl tro yn y Testament Newydd. Yn y Llythyr Cyntaf at y Corinthiaid dywedir, *"Oni wyddoch na chaiff yr anghyfiawn etifeddu teyrnas Dduw?"* (1 Cor. 6: 9, 10) ac yn y Llythyr at y Galatiaid dywedir, *"Y mae gweithredoedd y cnawd yn amlwg, sef, puteindra, amhurdeb, anlladrwydd......Yr wyf yn eich rhybuddio......na chaiff y rhai sy'n gwneud y fath bethau etifeddu teyrnas Dduw."* (Gal. 5:19-21. Gw. hefyd 1 Io. 3: 7-10) Ni chaiff pobl di-edifar etifeddiaeth gan Dduw ac na foed i neb ein twyllo fod pethau yn wahanol, meddai Paul, gyda'u siarad gwag nad yw Duw yn malio yr un botwm corn sut yr ydym yn ymddwyn ac y bydd yn derbyn pob enaid byw yn y diwedd. Na, y mae anufudd-dod beiddgar dynoliaeth yn ennyn digofaint cyfiawn Duw. Wrth gloi, ychwnegir, yn bendant, *"Peidiwch felly a chyfathrachu â hwy".* Nid gwahardd yn llwyr ymwneud â'r bobl y cyfeirir atynt uchod a wneir yma, y mae hynny'n gwbl anymarferol ac yn groes i ysbryd Cristnogaeth, ond yn hytrach i beidio a chyfranogi o'u cymeriad a'u cymdeithas.

Testun Trafod.

1. A yw Paul yma yn gwahardd Cristnogion rhag sôn o gwbl am ryw?

2. A ddylem fel eglwysi roi addysg rhyw Gristnogol i'n hieuenctid er mwyn ceisio gwrthweithio llacrwydd moesol ein cymdeithas?

3. A yw ein safonau moesol ni fel Cristnogion yn cael eu tanseilio gan y cyfryngau?

Gwers 25 — PLANT GOLEUNI (Effesiaid 5: 8-14)

GOLEUNI A THYWYLLWCH (Ad. 8-10)

Yng Ngoleg Bala Bangor yr oedd traddodiad blynyddol ymhlith y bechgyn o fynd i gopa'r Wyddfa i weld y wawr yn torri. Roedd yn brofiad a hanner. Dringo i fyny yn nhywyllwch y nos, fel arfer yng ngolau'r lleuad, ac yna eistedd ar y copa gan ddisgwyl. Yn raddol byddai'r haul yn codi, yn goleuo'r gorwel yn gyntaf ac yna gam wrth gam yn goleuo'r holl olygfa fendigedig o Ben Llŷn i Gaernarfon draw dros Ynys Môn i Gaergybi. Byddai'r goleuni yn dileu tywyllwch y nos ac yna yn araf deg yn erlid y cysgodion o ddyffrynnoedd, cymoedd a chilfachau Eryri. Roedd hi'n olygfa y bydd dyn yn ein chofio trwy gydol ei oes a geiriau Malachi yn dod i'r meddwl, *"Ond i chwi sy'n ofni fy enw fe gyfyd haul cyfiawnder â meddyginiaeth yn ei esgyll."* (Mal. 4: 2) Y mae'r darlun hwn o oleuni a thywyllwch yn un cryf a rhwydd ei ddeall oherwydd y mae'n ddarlun o ddau eithaf sydd yn rhan o brofiad pob person byw. Y mae'r Beibl yn gyson yn defnyddio'r gyffelybiaeth hon. Yn yr anialwch yr oedd y golofn dân (sef goleuni) yn tywys y genedl yn y nos. Dywed y Salmydd am Dduw, *"eto nid yw tywyllwch yn dywyllwch i ti, y mae'r nos yn goleuo fel dydd, a'r un yw tywyllwch a goleuni."* (Salm 139:12; 27: 1; Ese. 5:20; 42:1) Proffwydodd Eseia am ddyfodiad y Meseia gan ddweud, *"Y bobl oedd yn rhodio mewn tywyllwch a welodd oleuni mawr." (Ese. 9:2)* Dywed Ioan mai *"goleuni yw Duw ac nid oes ynddo ef ddim tywyllwch."* (I Io. 1:5) ac am yr Oen dywed, *"Nid oes ar y ddinas angen na'r haul na'r lleuad i dywynnu arni, oherwydd gogoniant Duw sy'n ei goleuo, a'i lamp hi yw'r Oen. A bydd y cenhedloedd yn rhodio yn ei goleuni hi...."* (Dat. 21: 23-24) Ac y mae'n rhaid cyfeirio at Iesu'n dweud, *"Myfi yw goleuni'r byd,"* (Io. 8:12) ac hefyd *"Chwi yw goleuni'r byd."* (Math. 5:14)

Dyma'r gyffelybiaeth gref a ddefnyddir gan Paul yma, tywyllwch a goleuni. Sylwch nad yw'n dweud wrth yr Effesiaid y buont yn y tywyllwch a nawr y maent yn y goleuni ond hytrach *"tywyllwch **oeddech** ond yn awr goleuni **ydych** yn yr Arglwydd."*

Yn Ebeneser, Caerdydd, y mae ffenestri lliw. Yn aml iawn y maent yn ymddangos yn dywyll a di-liw. Ond ar ddyddiau heulog y mae pelydrau'r haul yn llifo trwodd gan eu dangos yn eu gogoniant. Gellir cymharu hyn i'r Cristion; fod goleuni Iesu'n harddu ein bywydau a fod eraill yn gweld ei oleuni Ef trwom ni. Ond dywed Paul rhywbeth mwy yma sef y'n gwneir yn oleuni trwy Iesu. Y mae credinwyr fel bylbiau yn llosgi'n llachar gan rym trydanol cariad Duw. Ar yr un pryd dylid cofio y tardda pob pelydryn yn Nuw ei hun. Cadarnheir hyn gyda'r cymal gwych, *"Byddwch fyw fel plant goleuni."* Dyma ddisgrifiad penigamp o ddilynwIesu, plant goleuni. Yn y cymal bychan hwn awgrymir, y ddibyniaeth, yr ufudd-dod, y tebygrwydd a'r purdeb sydd i nodweddu pobl Dduw. Mewn meysydd parcio yng Nghaerydd y mae yna lampau sydd yn cynnau yn achlysurol. Mi dybiaf i er mwyn arbed trydan. Yn ystod y nos fe'u cynheuir nawr ac yn y man ac yna fe ddiffoddant am rai munudau. Nid goleuo yn achlysurol y dylai pobl Dduw ond llewyrchu'n ddi-dor. Ond sut y mae plant goleuni i fyw? Ceir yr ateb yn yr adnodau nesaf.

BYW FEL PLANT GOLEUNI (Ad. 9, 10)

Y mae plant y goleuni i ddwyn ffrwyth y goleuni ac y mae ffrwyth y goleuni i'w gweld mewn tri pheth, sef, daioni, cyfiawnder a gwirionedd.

a. Daioni: Awgryma hyn fod y Cristion i fyw bywyd yn llawn gweithredoedd o gariad. Ym mhob cyfnod a gwlad y mae cyfle i wneud hyn. Rhaid ymateb i ddioddefaint ein byd.

b. Cyfiawnder: Yr ydym i sefyll dros gyfiawnder fel unigolion ac eglwysi gan ddadlau o blaid y rhai hynny sydd heb gyfiawnder ac sy'n cael eu gormesu gan y cryfion. Golyga hyn hyrwyddo cyfiawnder mewn meysydd moesol, cymdeithasol, gwleidyddol ac economaidd.

c. Gwirionedd. Wrth dystio fod y gwirionedd terfynol yn ein meddiant yng Nghrist yr ydym i wrthwynebu popeth sy'n bygwth gwirionedd yn ein bywyd a'n cymunedau. Gwyddom fod llawer o rhagrith, twyll a chelwydd yn cael eu pedlera ymhlith rhai sydd â grym yn eu dwylo. Yr ydym ni i wrthwynebu'r fath ymddygiad gan sefyll dros y gwirionedd. A'r unig ffordd i wybod beth yw daioni, cyfiawnder a gwirionedd yw trwy ganfod *"beth sy'n gymeradwy gan yr Arglwydd."* Rhaid ceisio edrych ar y byd trwy lygaid Duw yn hytrach na thrwy ein llygaid ein hunain ac er mwyn gwneud hynny rhaid pori'n gyson yn y Beibl.

LLEWYRCHED Y GOLEUNI (Ad. 11-14)

Y mae pwyslais yr adnodau hyn ar ddatguddio gweithredoedd y tywyllwch a'u drygioni. Er nad yw'n hawdd, fel y gwelodd Cristnogion yr Almaen ar ddiwedd tridegau'r ganrif hon, rhaid, os y gwelwn ddrwg yn cael ei gyflawni, ei ddadlennu. Ni all y Cristion sefyll yn ddi-ymateb yng ngwyneb drwgweithredu oherwydd y mae popeth o'r fath yn groes i ewyllys Duw. Ond haws dweud "Wele'r Wyddfa, na mynd trosti." Wrth gwrs y mae'n haws ac yn llawer iawn llai o drafferth cau ein cegau pan welwn rhywun yn twyllo yn y gwaith neu'n rhoi ffeithiau anghywir i'r Cyllid Gwladol; yn curo plentyn yn greulon; yn dwyn nwyddau o siop neu yn twyllo ei wraig, na thynnu sylw at yr hyn a wneir ganddynt. Ac mae'n hynod anodd mewn cymdeithas sy'n rhoi y fath bwyslais ar yr hyn a dybiai hi yw "goddefgarwch" a bod yn "wleidyddol gywir". Dirmygir Cristnogion sy'n condemnio pobl am eu hymddygiad moesol fel gwehilion di-gywilydd a phiwritaniaid cul. Goddefir popeth o fewn i'r gymdeithas ond anoddefgarwch. Y mae'r gymdeithas yng ngwledydd Prydain yn hoffi pobl llugoer, ddi-asgwrn cefn a di-ymateb. Onid yw goleuni yn ei hanfod yn ymestyn allan ac yn dileu tywyllwch? Ei holl bwrpas yw goleuo, fel y dywedodd Iesu, *"nid yw pobl yn cynnau canwyll ac yn ei dodi dan lestr, ond yn hytrach ar ganhwyllbren, a bydd yn rhoi golau i bawb sydd yn y tŷ."* (Math. 5:15) Y mae perygl ambell dro i eglwysi droi yn gyrff mewnblyg nad oes ganddynt unrhyw gysylltiad gyda'r byd tu allan. Y mae rhai carfanau o fewn yr Eglwys wedi gwneud hyn yn gwbl fwriadol fel mynaich a lleianod. Mewn rhai ffyrdd yr ydym yn eu hedmygu, ond eto nid dyma oedd bwriad Iesu ar ein cyfer. Nid ydym i gadw'r goleuni a gawn gan Dduw i ni ein hunain o fewn muriau ein calonnau neu ein capeli. Ond yn hytrach yr ydym i ddisgleirio a llewyrchu. *"Felly boed i'ch goleuni chwithau lewyrchu gerbron dynion, nes iddynt weld eich gweithredoedd da chwi a gogoneddu eich Tad..."* (Math. 5:16)

Gofynnais i wyddonydd un tro, beth yw tywyllwch? Yr ateb gefais oedd, diffyg goleuni, ac efallai fod y ffaith hon yn taflu goleuni ar y cymal hwn, *"Ond y mae pob peth a ddadlennir gan y goleuni yn olau ac y mae pob peth sydd yn olau yn oleuni."* (ad. 13) Y mae'r ystyr braidd yn niwlog yma ond maentumiwn fod Paul yn meddwl fel hyn. Pan yw goleuni yn cael ei daflu ar unrhyw wrthrych fe ddaw hwnnw yn weladwy. Nid yw tywyllwch mwyach yn ei guddio a pheth da yw hynny. Ond yna, yn ôl Paul, y mae'r hyn *"sydd yn olau yn oleuni"*. Hynny yw, y mae'r peth a oleuir ei hun yn troi yn oleuni. Efallai bod hyn yn gyfeiriad at waith Cristnogion, dan arweiniad yr Ysbryd, yn arwain pobl at Iesu oddi wrth ddrygioni fel y digwyddodd yn hanes yr Effesiaid. Fe ddaethant hwy yn oleuni. (Gw. ad. 8)

DEFFROWCH (Ad. 14)

Y mae cryn drafod wedi bod ynglŷn â tharddiad y dyfyniad yn yr adnod hon. Dywed rhai mai aralleiriad ydyw o Eseia 9:2 neu Eseia 61:1 a dywed eraill mai dyfynnu rhan o emyn yn dathlu'r Pasg neu fedydd yr oedd Paul er mwyn cloi'r paragraff yn ddestlus. Ond yn sicr y mae'r dyfyniad yn un hyfryd, yn galw arnom i ddeffro o'n cwsg er mwyn i Grist dywynnu arnom. Os oedd Paul yn teimlo ei bod yn addas dyfynnu emyn wrth gloi, gwnaf innau yr un modd,

"Goleuni'r byd yw Crist,
Tywysog ein hachubiaeth,
Y seren fore yw
A gwawr ein gwaredigaeth.
Ein gobaith ydyw Ef,
Perffeithydd mawr ein ffydd,
Diddarfod gariad yw
Sy'n troi pob nos yn ddydd."

Testun Trafod.

1. Y mha ffyrdd y gallwn ni ddadlennu gweithredoedd y tywllwch?

2. Yr eglwys yw'r unig gorff sydd yn bodoli er mwyn y rhai sydd y tu allan. Trafodwch.

3. Sut yn ymarferol yn ein hardal leol y gall ein heglwys fod yn oleuni?

Gwers 26 DOETHINEB A'R YSBRYD GLÂN (Effesiaid 5:15-21)

Y mae'r paragraff hwn yn seiliedig ar ddwy ragdybiaeth sef, yn gyntaf, nad pobl annoeth yw Cristnogion ond pobl ddoeth ac yn ail, doethineb ymarferol yw doethineb Cristnogol gan ei fod yn ein dysgu sut i fyw.

NATUR DOETHINEB (Ad. 15 -17)

Y gair a ddefnyddir gan Paul am ymddygiad yw cerdded neu rodio (BYE). Y mae ein cerddediad trwy fywyd i fod yn ddoeth a gofalus oherwydd disgwylir i ni fyw nid yn ôl disgwyliadau'r byd ond yn ôl gofynion ein Tad nefol. Cymerwn ofal mawr gyda phopeth sy'n werthfawr yn ein golwg, ein gwaith beunyddiol, ein haddysg, ein teulu a'n diddordebau. Yn yr un modd y mae'r Cristion i gymryd gofal cyson o'i fywyd ysbrydol. Drwg llawer ohonom yw ein bod yn rhy ffwrdd â hi gyda'n bywyd crefyddol gan dreulio mwy o amser pob dydd yn darllen y *Daily Post/Western Mail* na'r Beibl. Beth felly yw nodweddion pobl ddoeth sy'n cymryd eu bywyd Cristnogol o ddifrif? Noda Paul ddau beth.

1. Defnydd o amser. (ad. 16)

"Daliwch ar eich cyfle," meddai'r BCN, ond credaf fod "prynu'r amser" BYE yn nes ati, gan fod y testun gwreiddiol yn cyfeirio at "kairos" sef "yr amser cywir". Y mae pobl ddoeth yn defnyddio eu amser yn ystyriol. Gwyddom fod amser yn gwibio heibio yn ddigyfaddawd. Dywed yr hen ddihareb, "Ehed amser? Na, erys amser dyn a â." Un o'r anawsterau cyfoes yr ydym yn ei wynebu fel eglwysi yw fod pobl yn rhy brysur. Gweithiant o fore gwyn tan nos ac yna gwibiant yma a thraw i gyfarfodydd a gweithgareddau hamdden, ac yn y bylchau rhyngddynt cludant y plant o fan i fan. A thros y Sul y mae rhagor o weithgareddau teuluol a gorchwylion o amgylch y tŷ heb sôn am fynd i weld tylwyth a ffrindiau a chasglu negeseuon. Y mae angen i ni geisio darparu ar gyfer pobl sy'n byw bywydau fel hyn ac y mae dirfawr angen i bobl wrando ar gyngor y Salmydd, *"Ymlonyddwch, a*

dysgwch mai myfi sydd Dduw." (Salm 46: 10) Y mae angen i ni arafu yn achlysurol ac ystyried y defnydd a wnawn o'n hamser mewn cyd-destun ysbrydol oherwydd ni ŵyr neb ohonom hyd ein tymor daearol. Fel y canodd Daniel Ddu (Daniel Evans, 1792 - 1846) mor drawiadol,

"Duw biau edau bywyd
A'r hawl i fesur ei hyd."

Y mae angen i ni neilltuo amser yn gyson i Dduw ac i'w wasanaeth ac i weithgareddau ei deyrnas. Dywedodd gweinidog wrthyf un tro ei bod yn haws cael arian ei aelodau na'u hamser. Gwir y dywedodd oherwydd gellid gwneud llawer iawn mwy yn ein heglwysi pe bai pobl yn cysegru mwy o'u hamser. Ysgrifennodd Emrys ap Iwan (Robert Ambrose Jones, 1851 - 1906) un tro yn ei ffordd ddi-hafal ei hun; "Ni faidd neb ddweud nad oes ganddo amser i weddïo nac i weithio; canys y mae hynny yr un peth â dywedyd.....fod Duw wedi ei osod ef mewn amgylchiadau sy'n ei rwystro i ogoneddu Duw." Yr hwn sydd ganddo glustiau gwrandawed.

2. Ceisio Ewyllys Duw. (ad. 17)

Y mae pobl ddoeth hefyd yn ceisio deall beth yw ewyllys Duw. Nid felly'r ffyliaid; gwnânt hwy yr hyn a fynnant gan ddilyn eu trywydd di-gyfeiriad eu hunain. Gweddïodd Iesu yng ngardd Gethsemane, *"Fy Nhad, os nad yw'n bosibl i'r cwpan hwn fynd heibio heb i mi ei yfed, gwneler dy ewyllys di,"* (Math. 26:42) ac fe'n dysgodd ninnau i weddïo, *"gwneler dy ewyllys"*. (Math. 6:10) Y mae canfod beth yw ewyllys Duw yn holl bwysig ar gyfer bywyd. Canfyddwn ei ewyllys trwy ddarllen y Beibl, gweddïo a cheisio cyngor gan Gristnogion profiadol.

TAN DDYLANWAD (Ad. 18-21)

Cymhellir y Cristnogion i ochelyd meddwi ar win gan mai ynfydrwydd yw hynny; yn hytrach y maent i'w llenwi â'r Ysbryd Glân. Cysylltwyd meddwdod ac effaith yr Ysbryd ar ddydd y

Pentecost a'r unig debygrwydd rhwng y ddeubeth yw fod pobl o dan ddylanwad. (Act. 2:13) Dylanwad negyddol yw dylanwad gwin lle y mae person yn colli rheolaeth arno ei hun ac ar ei gyneddfau. Dylanwad cadarnhaol yw dylanwad yr Ysbryd lle y mae person yn ennill rheolaeth ar ei gyneddfau ac yn cael ei lenwi â gorfoledd. Yn Effesus lle yr addolid Bachus (duw gwin a mab Iau) yr oedd meddwi yn cael ei ddefnyddio fel rhan o addoliad paganaidd. Nid yw Cristion i fod i feddwi ar unrhyw gyffur gan gynnwys alcohol, mariwana, a.y.y.b. (Diarhebion 23: 29-35) Y nod yw cael ein llenwi â'r Ysbryd. Y mae tuedd yn ein plith fel Cymry, y mae'n debyg oherwydd ein hanes, i feddwl mai ymwelydd achlysurol yw'r Ysbryd Glân. Y mae'n taro heibio nawr ac yn y man mewn cyfnodau o adfywiad. Bu yma ym 1859 ac ym 1904 ac ers hynny prin ein bod wedi ei weld. Ond camddealltwriaeth dybryd yw hyn, gan fod gwaith a dylanwad yr Ysbryd yn digwydd yn gyson yn yr Eglwys ac yng nghalon pob Cristion. Y mae'n gweithio'n feunyddiol yn argyhoeddi'r byd ynglŷn â pechod a chyfiawnder a barn (Io. 16:8) gan arwain pobl i gredu yn Iesu, ac hefyd yn sancteiddio Cristnogion. (2 Thes. 2:13) Nid oes techneg arbennig na geiriau hud i'w yngan er mwyn cael ein llenwi â'r Ysbryd, yn hytrach os byddwn fyw yn unol ag ewyllys Duw fe gawn ein llenwi hyd yr ymylon. Ond beth yw effaith yr Ysbryd pan fo'n llenwi ein calonnau? Y mae Paul yn ateb hynny yn yr adnodau dilynol.

1. ADDOLIAD (Ad. 19)

Y mae person sydd wedi ei lenwi â'r Ysbryd yn cyfeillachu â'i gyd Gristnogion ac yn addoli Duw. Nid yw bywyd y Cristion yn troi yn opera lle yr ydym yn cyfarch ein gilydd mewn cân, ond cyfeiriad sydd yma at gymdeithas y saint mewn addoliad cyhoeddus yn llawenhau a gorfoleddu yn eu Harglwydd. Gwnânt hynny trwy gyfrwng salmau ac emynau a chaniadau ysbrydol. Fel un oedd yn fy arddegau yn ystod y saithdegau pan oedd y Trwynau Coch, Y Llygod Ffyrnig a'r Ramones mewn bri roeddwn wedi camddeall ystyr "pynciwch" i'r Arglwydd. Eto roeddwn yn meddwl fod Paul yn dipyn o foi yn ein cymell i "byncio" a hynny er gogoniant Duw. Pan mae'r Ysbryd Glân yn llenwi calon credadun y mae'n cael ei gymell i ganu fel y tystia hanes y diwygiadau yng Nghymru. Pan ysgwydwyd Cymru gan y Diwygiad Efengylaidd o 1735 ymlaen aeth degau o bobl ati i gyfansoddi emynau a thonau newydd ac yn eu plith William Williams, Pantycelyn. Yna yn ystod y bedwaredd ganrif ar bymtheg pan oedd adfywiadau'n digwydd yn gyson fe gafwyd y dadeni cerddorol yng Nghymru gyda dyfodiad y Tonic Solffa a Ieuan Gwyllt a Thanymarian yn arwain y ffordd.

2. DIOLCHGARWCH. (Ad. 20)

Y mae'r Ysbryd hefyd yn tywys Cristnogion i ddiolch. Cymdithas o bobl ddiolchgar yw'r eglwys. Ni ddylid cymryd y geiriau hyn yn gwbl lythrennol oherwydd ni ellir diolch am bob dim. Ni allwn ddiolch am y drwg sydd yn digwydd yn ein byd. Ond yr ydym i fwrw heibio pob surni a chwerwder gan fabwysiadu calonnau a meddylfryd werthfawrogol. Ni allwn ddiolch am bob dim ond gallwn ddiolch ym mhob dim a hynny yn enw anghymarol Iesu Grist. Oherwydd trwyddo ef, beth bynnag a ddaw i'n rhan a beth bynnag yw ein profedigaethau a pha bynnag erchyllterau a welwn yn ein byd y mae gennym obaith a thangnefedd gan Dduw. Nid yw ein llawenydd yn dibynnu ar yr hyn sydd yn digwydd i ni ond ar yr hyn ddigwyddodd yn Iesu Grist. (Gw. Rhuf. 8:28)

3. YMDDAROSTWNG (Ad. 21)

Y mae'r Ysbryd yn ein harwain i fod yn ostynedig ac i ddarostwng i'n gilydd fel Cristnogion a hynny mewn parchedig ofn tuag at Iesu. Nid yw Cristion i fynnu ei ffordd ei hun ar drael eraill gan sathru cyd-Gristnogion o dan draed. Yn y Llythyr at y Philipiaid y mae Paul yn annog y credinwyr i *"gyfrif y llall yn deilyngach nag ef ei hun."* Wedi dweud hyn y mae'n eu hatgoffa o esiampl ryfeddol Iesu ei hun. Gadawodd ei ogoniant yn y nef *"fe'i gwacaodd ei hun, gan gymryd ffurf caethwas a dyfod ar wedd dynion"*. (Phil. 2: 3-11) Trachefn, cofiwn i Iesu ar nos Iau Cablyd yn yr oruwch-ystafell olchi traed y disgyblion gan ddweud, *"Os wyf fi, felly a minnau'n Arglwydd ac yn Athro, wedi golchi eich traed chwi, fe ddylech chwithau hefyd olchi traed eich gilydd"*. Y mae hon yn wers anodd i Gristnogion ei dysgu, gan ei bod yn troi syniadau'r byd wyneb i waered. Na! Y mae safonau'r byd wyneb i waered, eu troi yn ôl fel y dylent fod y mae Iesu. Y mae'r byd yn ein dysgu i fod yn hunanol ac i fynnu ein hawliau unigolyddol doed a ddelo. Felly, i gloi, pan mae person wedi ei lenwi â'r Ysbryd Glân y mae yn addolgar, yn ddiolchgar ac yn wylaidd.

Testun Trafod.

1. Trafodwch eich syniadau ynglŷn â'r Ysbryd Glân. Diffiniwch yr Ysbryd gan roi disgrifiad o'i waith.

2. A ydym ni fel eglwysi wedi addasu ein cyfarfodydd a'n cenhadaeth i'r newidiadau cymdeithasol sydd wedi digwydd yn ddiweddar?

3. Y mae problem cyffuriau yn un gynyddol ym mhob rhan o Gymru. Pam yn eich tyb chi y mae pobl yn cymryd cyffuriau a beth allwn ni fel Cristnogion ei wneud i wrthweithio'r drwg hwn?

Gwers 27 — GWRAGEDD A GWŶR (Effesiaid 5: 22-33)

Ar ddiwedd y bumed bennod y mae Paul i raddau'n newid trywydd eto ac yn y fan hon (5:22- 6:9) fe geir cyfarwyddiadau ymarferol ynglŷn â bywyd teuluol. Perthynas gwraig a gŵr (ad. 22-33), perthynas plant a'u rhieni (6:1-4) a pherthynas caethwas a'i feistr. (6: 5-9) Y mae'r adran gyntaf hon wedi creu cryn gur pen i esbonwyr yn ystod y cyfnod modern lle y mae hawliau merched a chyd-raddoldeb rhywiol wedi bod yn uchel ar y agenda. Un peth hynod ddefnyddiol fyddai esboniad trylwyr gan wraig ar yr adnodau hyn. Rhaid i mi gyfaddef fy mod yn cael anhawster gyda'r awgrym clir sydd yma fod gwraig yn ddarostyngedig i'w gŵr. Fe ymddengys ei fod yn groes i'r ddysgeidiaeth fod pawb yn ddiwahân yn gydradd ger bron Duw y crewr ac o fewn i'r gymdeithas Gristnogol nad oes *"rhagor rhwng Iddew a Groegwr, rhwng caeth a rhydd, rhwng gwryw a benyw, oherwydd un person ydych chwi oll yng Nghrist."* (Gal. 3:28) Nid yw hil, addysg, cyfoeth, diwylliant, cefndir, gallu ymenyddol na rhyw yn newid ein gwerth ger bron Duw. Y mae pawb ar yr un gwastad, ysgwydd wrth ysgwydd â'i gilydd. Er nad oes gwahaniaeth mewn gwerth rhwng gwryw a benyw y mae gwahaniaeth mewn swyddogaeth. Ond eto y mae'r adnodau hyn yng ngair Duw, ac y mae nifer o ffyrdd y gallwn fynd ati i ddelio â hwy.

1. ANWYBYDDU.

Dywedodd C.H.Spugeon un tro y dylid darllen y Beibl fel bwyta pysgodyn. Wrth fwyta pysgodyn yr ydych yn llywcio'r cig ond yn gadael yr esgyrn anfwytadwy ar ochr y plât. Yr un modd meddai, gyda'r Beibl, y mae'r darnau hynny sy'n ddealladwy yn fwyd i'r enaid a'r darnau anealladwy i'w rhoi o'r neilldu. Fel arfer cytunaf gyda Spurgeon, ond y tro hwn rhaid anghytuno. Gyda darnau fel hyn nid digon yw eu hanwybyddu rhaid ymaflyd codwm â hwy gan ofyn i'r Ysbryd Glân oleuo ein deall.

2. AIL-GYFIEITHU.

Gyda rhai darnau anodd o'r Beibl y mae ysgolheigion yn fynych yn mynd yn ôl at y testun gwreiddiol gan geisio ei ail-gyfieithu. Y mae hyn wedi digwydd gyda'r paragraff hwn yn arbennig gydag adnod 23. Dywed rhai fod y gair "pen" (Groeg, kephale) yn awgrymu "tarddiad" yn hytrach nag "awdurdod."

3. ADLEWYRCHU CYFNOD.

Gwedd arall sydd yn cael ei chymryd o rai adrannau ysgrythurol yw eu bod wedi eu hysgrifennu ar gyfer eu cyfnod. Dywedir hyn yn aml am yr adrannau am gaethweision oedd hefyd yn Gristnogion. Pe bae Sect Clapham wedi cadw'n fanwl at yr adnodau hynny ni fyddent byth wedi meddwl brwydro i ddileu caethwasiaeth. A yw'r adnodau hyn yn Effesiaid yn adlewyrchu cyfnod arbennig yn hanes yr eglwys a'r byd sydd bellach wedi dod i ben? O ganlyniad nid ydynt yn berthnasol.

4. TRA-AWDURDODI.

Y mae rhai dynion yn yr Eglwys Gristnogol dros y canrifoedd wedi cymryd y geiriau hyn fel sêl bendith ddwyfol ar iddynt dra-awdurdodi tros eu gwragedd gan eu hisraddoli, eu amharchu a'u trin fel morwynion yn eu cartrefi a hynny ar "seiliau ysgrythurol." Fel y mae'r eglwys i foli yr Arglwydd y mae gwraig i foli ei gŵr gan wneud yn ôl ei orchymyn.

5. GAIR YSBRYDOLEDIG.

Cymryd y geiriau fel ag y maent fel rhan o air ysbrydoledig Duw gan geisio eu hesbonio hyd eithaf ein gallu.

CYNSEILIAU (Ad. 22-24)

Cyn y gellir esbonio'r adnodau hyn mae'n rhaid gosod 3 cynsail.

1. Y mae'r adran hon yn dilyn adnod 21 oedd yn pwysleisio y dylai pob Cristnogion fod yn ddarostyngedig i'w gilydd. Yn gwbl resymol felly y mae gŵr a gwraig i fod yn ddarostyngedig i'w gilydd. Golyga hyn fod, *"byddwch ddarostyngedig i'ch gwŷr"* a

"chwi wŷr carwch eich gwragedd, fel y carodd Crist yntau'r eglwys" yn gyfystyr.

2. Pwrpas y llythyr hwn, pwrpas yr Eglwys, pwrpas bywyd y Cristion a phwrpas yr adran hon yw dwyn gogoniant i Dduw trwy Iesu Grist. Onid prif fwriad y paragraff hwn, er ei fod yn trafod perthynas gŵr a gwraig, yw gogoneddu Crist, priod yr Eglwys? Na foed i ni wirioni ar y plisgyn ac anghofio'r ŵy.

3. Pen ac awdurdod terfynol y gŵr a'r wraig yw Iesu Grist. Y mae'r ddau ohonynt yn atebol i Grist yn gyntaf, Ef yw blaenoriaeth fawr eu bywyd.

Gobeithiaf fod yr ychydig sylwadau uchod o rhyw ddefnydd i chi wrth drafod yr adran hon.

Y PRIODFAB.

Y mae dwy wythien gyfoethog yn rhedeg trwy'r adran hon sef perthynas gŵr a gwraig a pherthynas Crist a'r eglwys. Y drwg yn aml yn ein cymdeithas gyfoes ni yw fod pobl yn priodi yn unig er hunan les ac ânt i'r stad briodasol gydag agwedd meddwl hunanol. Y mae ganddynt wrth briodi restr o'r hyn y maent hwy yn ddisgwyl ei gael trwy'r berthynas, ac os na chant hynny yn syth y mae ar ben arnynt. Yma y mae Paul yn pwysleisio y cariad aberthol sydd i fod rhwng parau priod sy'n cael ei gyffelybu i gariad Crist y Priodfab tuag at yr Eglwys fel y gwelir yn adnodau 25-27, 29. Rhoddodd Crist ei fywyd yn aberth dros yr eglwys, er mwyn ei hachub oddi wrth ei phechodau, felly y mae gŵr i ymddarostwng i'w wraig a gwraig i ddarostwng i'w gŵr.

Testun Trafod.

1. Pa un o'r pump awgrym uchod sydd at eich dant wrth ddadansoddi'r adran hon?

2. A yw gwraig i ufuddhau i'w gŵr?

3. Nid gwahaniaeth mewn gwerth ond mewn swyddogaeth a bwysleisi'r gan Paul yma wrth drafod gwryw a benyw. Hynny yw, fod gan wragedd swyddogaeth wahanol i wŷr o fewn i deulu a chymdeithas. Trafodwch.

EBRILL — Y BREGETH AR Y MYNYDD

Gwers 28 — TRYSORAU

(Mathew 6:19-21)

Yn yr adnodau hyn y mae Iesu yn cyflwyno egwyddor bwysig arall i'w wrandawyr. Deuwn at hynny yn y man ond yn gyntaf gadewch i ni edrych ar y geiriau sydd yn y paragraff hwn. Fe welwn unwaith eto fod dau osodiad yma, y cyntaf yn negyddol, *"Peidiwch â chasglu i chwi drysorau ar y ddaear"*, a'r ail yn gadarnhaol, *"Casglwch i chwi drysorau yn y nef"*. Dau osodiad, dau drysor ac fel y gwelwn dwy ffordd o fyw.

TRYSORAU DAEAROL (Ad. 19)

Trysor yw'r pethau hynny sy'n werthfawr yn ein golwg, pethau a feddyliwn y byd ohonynt, mewn ystyr faterol y pethau sydd bwysicaf yn ein golwg. Dychmygwch fod eich tŷ ar dân. Pe baech chi yn cael mynd i nôl 3 peth ohono, ar wahân i aelodau o'r teulu a'r gath beth fyddent? Dyma rai o'ch trysorau. Y mae rhai esbonwyr yn dweud mai cyfeirio at arian a chyfoeth ac at bobl yn cynilo arian yn unig y mae Iesu yma. Bwriad yr Arglwydd, yn eu tyb hwy, oedd ymosod yn benodol ar gyfoethogion. Ymddengys hyn yn bur annhebygol gan fod Iesu yn cyfeirio'n ddiweddarach yn y bennod at Dduw ac Arian. Fe ymddengys mai esboniad arall sy'n gywir sef bod y geiriau hyn wedi eu hanelu at bawb ac at bob math o drysorau bydol, gan gynnwys arian. Gallwn, fe allwn drysori eiddo, fel eu bod yn dod yn ganolbwynt i'n bodolaeth, ond y mae cymaint o bethau bydol eraill y gallwn eu cadw fel trysorau. Gallwn drysori ein gyrfa, fel mai'r unig beth yn ein bywydau yw bod yn llwyddiannus fel athro, cyfreithiwr, ffermwr, cyfrifydd a.y.y.b. Gallwn drysori statws cymdeithasol fel nod amgen bywyd. Gallwn drysori pobl, fel mai'r unig beth sy'n llenwi ein meddyliau yw'r bobl hynny a dim arall. Hefyd gellir trysori gweithgaredd amser hamdden fel chwaraeon neu adeiladu modelau i'r fath raddau fel ei fod yn cymryd trosodd ein bywyd. Mewn geiriau eraill gallwn gasglu i ni ein hunain drysorau ar y ddaear mewn amrywiol ffyrdd.

Ond yr hyn sydd ar feddwl Iesu ac sy'n ei bryderu yw nid beth sydd gennym yn ein meddiant ond yn hytrach beth yw ein hagwedd tuag at y pethau hynny. Dyma'r egwyddor bwysig. Yma, yn y geiriau syml hyn y mae Iesu'n cwestiynu ein holl agwedd tuag at fywyd a'r byd hwn. Gofynna; Beth yw pwrpas eich bodolaeth ar y ddaear hon? Ai i fyw i gasglu trysorau? Ai i fyw er hunan les? Ym mha le yr wyt ti'n chwilio am foddhad a llawenydd, ai trwy bethau bydol? Os felly meddai, fe fyddwch yn sicr o gael eich siomi, oherwydd darfodedig yw'r cwbl.

Clywais ddywediad un tro, sef, "Pryn rad, pryn eilwaith." Yn ein bywyd pob dydd hoffwn brynu nwyddau o safon sydd yn para ac yn treulio'n dda. Synnwyr cyffredin yw ceisio osgoi nwyddau o ddeunydd a gwneuthuriad gwael, oherwydd buan y byddant yn gwisgo a thorri. Yr hyn a ddywed Iesu yma yw ar i ni ganolbwyntio ar bethau parhaol. Y mae'n cael y maen i'r wal trwy ddefnyddio tri darlun sef gwyfyn, rhwd a lladron.

1. Gwyfyn. Cyfeirir yma at y math o wyfyn sy'n dodwy wyau mewn gwlan neu unrhyw ddefnydd naturiol. Yna, mae'r cynrhon yn tyfu ac yn byw trwy fwyta'r dilledyn gan ei ddinistrio'n llwyr. Ystyrid dillad ysblennydd yn y dwyrain fel arwydd o gyfoeth mawr.

2. Rhwd. Y gair Groeg yn y fan hon yw "brosis" a'i ystyr lythrennol yw "bwyta ymaith". Gall hyn olygu rhwd yn bwyta metal neu bryfetach a llygod yn bwyta grawn mewn ysguboriau, neu bydredd yn dinistrio coed.

3. Lladron. Y mae Iesu yma yn meddwl am dai a wnaethpwyd o laid neu o glai. Yr oedd yn gymharol rwydd i ladron dorri twll mewn wal ac yna dwyn yr eiddo oedd y tu mewn i'r tŷ. Gallai lladron yn y darlun hwn gynrychioli unrhyw beth sy'n dwyn trysorau oddi arnom.

Y mae'r wers yn gwbl ddealladwy, dros dro y mae trysorau daearol felly peidiwch a seilio eich llawenydd na'ch gobaith arnynt. Yr hyn a ddysg Iesu yw fod yna ffordd o feddwl sydd yn gwbl gul a bydol, lle nad yw pobl yn gweld mwy i fywyd na'r hyn a welant. Nid oes unrhyw amgyffrediad o lawenydd mwy na llawenydd corfforol.

TRYSORAU NEFOL (Ad. 20)

Wedi rhoi'r gosodiad negyddol y mae'n troi at y cadarnhaol gan ddweud, *"Casglwch ichwi drysorau yn y nef"*. Ystyr hyn yw, byddwch yn gyfoethog ym mhethau Duw, oherwydd dyma'r pethau sy'n wirioneddol werthfawr. Byddwch yn gyfoethog mewn cariad, maddeuant, cymwynasgarwch, trugaredd. Dyma'r pethau na fyddant byth yn darfod, na byth yn eich siomi. Oherwydd yn y nef nid oes gwyfyn na rhwd yn difa ac nid oes lladron yn torri trwodd ac yn lladrata. Ar y ddaear cawn ragflas o'r trysorau hyn ond y maent hefyd ynghadw inni yn y nefoedd, fel y dywedodd Pedr. (1 Pedr 1:4)

Yr hyn mae Iesu yn ei ofyn yma yw; Sut wyt ti yn edrych ar fywyd? Ai agwedd fydol anghrediniol sydd gen ti at fywyd? Ynteu a wyt ti yn sylweddoli fod pwrpas uwch i'th fodolaeth a fod Duw yn cynnig trysorau mawr i ti." Dylem ddysgu i drysori cariad Duw yn Iesu fel y gwnaeth William Williams, Pantycelyn, pan y canodd,

"Iesu, Iesu, 'rwyt ti'n ddigon,
'R wyt Ti'n llawer mwy na'r byd;
Mwy trysorau sy'n dy enw
Na thrysorau'r India i gyd:
Oll yn gyfan
Ddaeth i'm meddiant gyda'm Duw."

Y mae'r anghredadun yn tybio mai ef sydd biau'r byd ar hyn oll sydd yno. Ar y llaw arall y mae'r Cristion gyda meddwl ehangach, yn gwybod mai byd Duw yw'r byd hwn, ac mai stiward dros dro yw. Yn y bywyd hwn benthyg eiddo a chyfoeth ydym gan Dduw. Ein braint ni felly yw defnyddio'r eiddo er clod i Dduw. Cwestiwn yr anghredadun yw sut allaf i ddefnyddio fy nhrysorau orau i blesio fy hun? Cwestiwn y Cristion, ddylai fod, sut allaf i ddefnyddio rhain i wasanaethu Duw a'i deyrnas.

Ond nid sôn am eiddo yn bennaf y mae Iesu yn yr adnodau hyn ond cyfeirio at ffordd o fyw, ffordd o feddwl. Mae'r hyn a drysorwn, yn newid ein hagwedd yn llwyr tuag at fywyd, er gwell neu er gwaeth. Pwysleisiodd Iesu hyn un tro pan ddywedodd, *"Oherwydd yn ôl yr hyn sy'n llenwi'r galon y mae'r genau'n llefaru. Y mae'r dyn da o'i drysor da yn dwyn allan bethau da, a'r dyn drwg o'i drysor drwg yn dwyn allan bethau drwg."* (Math. 12: 34-35)

Os ydym yn trysori pethau'r ddaear, bydol fydd ein bodolaeth, bydol fydd ein hagwedd, bydol fydd ein sgwrs ac ni allwn byth godi uwchlaw hynny, *"o'i drysor drwg a ddug allan bethau drwg."* Ond os casglwn i ni drysorau yn y nef, fe ddaw ystyr newydd i'n bywyd. Gwelwn fod yna bwrpas mwy i'n bywydau. Gwelwn werth newydd ar bob peth o'n cwmpas. Nid di-brisio'r byd a'i bethau y mae Iesu ond eu rhoi yng nghyd-destun tragwyddoldeb. Ambell dro er mwyn gweld gwir liw dilledyn mewn siop rhaid mynd y tu allan gan edrych arno yng ngoleuni'r haul. Yn yr un modd, er mwyn gweld gwir werth byd a bywyd rhaid edrych arnynt yng ngoleuni Iesu Grist - haul cyfiawnder.

Un o broblemau mawr ein hoes yw fod llygaid cymaint wedi eu cau gan bechod fel na allant weld fod mwy i fywyd na thrysorau daearol. Os ydym fel cymdeithas yn cyflyrru cenhedlaeth ar ôl cenhedlaeth o bobl i gredu mai'r peth pwysicaf yw dod ymlaen yn y byd, gan ennill arian mawr ac mai'r unig arwydd o lwyddiant yw eiddo, nid yw ryfedd yn y byd fod cymaint o fywydau pobl yn dadfeilio a fod y raddfa tor-cyfraith ar gynnydd.

Daeth Iesu i'r byd i ddangos bod llawer mwy i fywyd na'r daearol ac yn yr adnodau hyn y mae'n gofyn i ni, lle mae dy drysor di? *"Oherwydd lle mae dy drysor, yno hefyd y bydd dy galon."*

Testun Trafod.

1. A yw hi'n iawn yn sgîl dysgeidiaeth Iesu i ni gasglu unrhyw gyfoeth daearol? Beth am fanciau, cynlluniau ariannol, pensiwn?

2. A ddylid ystyried pobl gefnog yn golledig?

3. Esboniwch ym mha ffordd yr ydym yn caglu trysorau daearol a sut mae hynny yn effeithio ar ein bywyd ysbrydol.

Gwers 29 GOLEUNI'R CORFF (Mathew 6:22-24)

Ar yr olwg gyntaf fe ymddengys yr adnodau hyn yn rai anodd i'w deall oherwydd nad ydynt mor glir a rhannau eraill o'r Bregeth ar y Mynydd. Ond wrth fyfyrio arnynt fe welwn yn fuan mai darlun syml sydd gan Iesu.

CANNWYLL Y CORFF (Ad. 22, 23A)

Nid dweud y mae Iesu yma mai'r llygad yw ffynhonnell goleuni'r corff, hynny yw, bod y llygaid eu hunain yn creu goleuni i weddill y corff. Yn hytrach cyfleu'r syniad y mae, sef mai'r llygaid sydd yn dod a goleuni i'r corff. Oherwydd gwaith y llygaid y mae'r corff yn gallu defnyddio goleuni o'r tu allan er budd iddo'i hun. Gellir cyfleu'r syniad gydag enghraifft cwbl syml. Yma yn y stydi lle rwy'n gweithio dim ond un ffenestr sydd i ddod â goleuni i mewn o'r tu allan ac mae'r ffenestr honno yn y to. Os yw'r ffenestr yn glir ac yn lân yna y mae'r goleuni yn gallu dod i mewn yn rhwydd gan oleuo'r holl ystafell, ond os yw'r ffenestr wedi stemio - oherwydd fy mod wedi bod yn ymgodymu ac adnod go ddyrys - neu os ydyw wedi bwrw eira, yna ychydig o oleuni a ddaw i mewn. Syniad tebyg i hyn a gyflwynir gan Iesu.

Os yw'r llygad yn iach, y mae person yn gallu gweld yn glir, ac y mae goleuni yn gallu treiddio trwy'r llygad i'r corff. Ond os yw'r llygad yn sâl yna mae'r golwg yn aneglur ac y mae'r corff yn cael ei daflu i dywyllwch mawr ac o ganlyniad nid yw'r corff yn gallu gweithio yn iawn. Afraid dweud bod diffyg goleuni yn ei gwneud yn anodd i weld, e.e., diffyg haul, lleuad, lamp neu gannwyll. Er hynny y mae llygad iach yn gallu addasu i dywyllwch fel eich bod yn gallu gweld rhywfaint. Ond os yw llygad yn sâl, o mor fawr yw'r tywyllwch. Hyd yn oed os yw'r haul yn llewyrchu'n glir, gwael ac aneglur yw'r golwg.

LLYGAD YSBRYDOL

Ond mae'n amlwg fod Iesu yma yn awgrymu rhywbeth dyfnach o lawer na hyn. Fel y mae gan ddyn lygad naturiol i oleuo ei fodolaeth gorfforol, gan ei gysylltu gyda'r byd oddi-amgylch a'i alluogi i weld lle y mae ac i symud oddi amgylch, felly hefyd y mae ganddo lygad ysbrydol, sef y meddwl, i oleuo ei fywyd mewnol a'i arwain yn ysbrydol a moesol, gan ei gadw mewn cysylltiad cyson gyda Duw. Os yw'r llygad yn iach yna mae'r corff yn llawn goleuni. Os yw'r meddwl wedi ei lanhau a'i ddi-heintio gan ras Duw yn Iesu yna mae'r bywyd mewnol yn llawn goleuni. Ond beth os yw'r llygad/meddwl yn sâl? Y mae llawer o bethau'n gallu dylanwadu ar ein llygad/meddwl fel bod yr hyn a welwn yn aneglur. Gellir defnyddio y gair pechod fel term cyffredinol, ond beth am geisio bod yn fwy manwl. Fe awgryma William Barclay dri pheth wrth esbonio'r rhan hon o'r ysgrythur sef, rhagfarn, cenfigen a hunandyb.

1. Rhagfarn. Gall ein rhagfarnau liwio ein barn ynglŷn â phobl ac amgylchiadau. Tuedd rhagfarn yw ein hatal rhag gweld pethau yn glir, a rhag dod i benderfyniad rhesymol am faterion. Gall rhagfarn amlygu ei hun yn ein heglwysi e.e., barnu pobl am eu gwisg a'u diwyg; barnu pobl ifanc am fod yn ifanc; barnu syniadau newydd mewn addoliad a threfn wahanol ar wasanaethau; barnu pobl sydd yn weithgar yn ein heglwys fel rhai sy'n mynnu bod yn geffylau blaen. Y mae rhagfarn hefyd yn llurgunio ein safbwynt am gymdeithas; e.e., rhagfarn tuag at bobl ddieithr; tuag at bobl o gefndir diwylliannol neu o liw croen gwahanol i ni ein hunain.

2. Cenfigen. Gall cenfigen bylu ein golwg gan ein gwneud yn afresymol. Cenfigen tuag at safle eraill yn y gymdeithas/eglwys. Cenfigen tuag at bobl sydd yn ennill mwy o gyflog na ni. Cenfigen tuag at unigolion sydd yn fwy dawnus na ni. Gall cenfigen chwalu priodasau a chyfeillarwch.

3. Hunandyb. Bod yn hunandybus yw ystyried fod ein barn a'n syniadau ni yn tra rhagori bob amser ar eiddo eraill. Gwraig hunandybus oedd Rosie Hughes yn "O Law i Law", gan T. Rowland Hughes. Ystyriai ei hun ychydig yn well na phawb arall - oherwydd ei bod wedi cael ychydig etifeddiaeth yn ewyllys ei

Anti Edith - ac yn llawer gwell na Twm Twm dlawd. Yn ôl yr hanes tynnodd nyth cacwn am ei phen a chreu annifyrwch mawr ymhlith pobl y capel trwy geisio atal Twm Twm rhag mynychu'r addoliad. Gall hunandyb ein dallu ninnau rhag gweld yn eglur.

TYWYLLWCH (Ad. 23B)

"Ac os yw'r goleuni sydd ynot yn dywyllwch, mor fawr yw'r tywyllwch." Nid yw ystyr yr adnod hon yn gwbl glir, ond efallai bod y darlun hwn o lygad yn disgrifio ein ffordd ni o edrych ar y byd a'i bethau. Yn ôl Iesu y mae dwy ffordd o edrych, sef, trwy lygad iach a thrwy lygad sâl. Trwy lygad iach gallwn weld pethau fel ag y maent yn eu priod leoedd. Ond trwy lygad sâl mae pethau'n annelwig ac felly nid goleuni sydd ynom ond tywyllwch. Y mae ein gwerthoedd yn aneglur. Meddyliwch chi, mae'n ffaith cwbl amlwg fod trysorau'r byd hwn yn darfod - dyna'r gwirionedd. Gŵyr pawb y byddwn rhyw ddydd yn marw ac yn gorfod gadael popeth ar ôl. Er hynny, y mae pobl yn glynu wrth bethau'r byd fel pe bai eu tynged dragwyddol yn dibynnu arnynt. Ymdebygant i wiwerod yn caslgu mân drysorau yn hytrach na chredu a phwyso ar Dduw. Mae'r golwg yn aneglur os yw'r llygad yn sâl.

Pan mae person yn byw heb Dduw y cyfan sydd ar ei feddwl yw dyn, ffyrdd dyn, meddyliau dyn a chyfoeth daearol. Ochr yn ochr a hynny anghofir Duw yn llwyr ac fe'i gwthir o'r neilldu. Pryd hynny y mae pethau meidrol yn cael eu trin fel pethau tragwyddol a phethau tragwyddol yn cael eu trin fel pethau meidrol. Pethau'r byd yn cael eu rhoi o flaen Duw. Dyma yw dallineb, dyma yw tywyllwch dudew, ac mor fawr yw'r tywyllwch hwn.

Testun Trafod

1. A oes rhagfarnau gennych chi tuag at bobl neu tuag at sefydliadau? A yw'r rhagfarnau hynny yn rhesymol?

Gwers 30 — DUW A MAMON (Mathew 6: 24)

Un o dduwiau mawr yr oes bresennol yw Mamon, duw arian a meddiannau. (Yn BYE defnyddir y gair Groeg "mamon" sydd yn y testun gwreiddiol heb ei gyfieithu. Mamonas oedd duw cyfoeth y Syriaid.) Nid oes dim sicrach na'r ffaith fod y gymdeithas Orllewinol wedi mopio'n lân ar arian. Melys iawn i'w chlustiau yw geiriau fel arian, pres, punnoedd, elw, cyfranddaliadau, miliynau, biliynau ac erbyn hyn triliynau. Mae temlau wedi eu codi ar brif strydoedd trefi a phentrefi ein gwlad, lle mae'r ffyddloniaid yn ciwio ynghyd i offrymu eu ceiniogau, gan obeithio y cânt rhywbeth yn ôl maes o law. Ac fe geir pregethau ar y teledu ac yn y papurau newyddion a thractiau trwy'n drysau yn dweud, dyma'r ffordd tuag at ddedwyddwch a sicrwydd yn y dyfodol. Os ydych yn chwilio am hapusrwydd gwnewch yn siwr fod gennych ddigon o arian. Arian ac elw yw gwaredydd mawr ein hoes, heb arian heb ddim. Ac y mae arian fwy na heb wedi ei ddyrchafu i safle dwyfol.

O elw mawr, rho d'arian pur
I eiddil gwan mewn anial dir,
I'w nerthu drwy'r holl rwystrau sydd
Ar ddyrus daith i'r cyfoeth fydd.

Mi lyna'n dawel wrth dy draed,
Mi ganaf am yr elw wnaed.
Mi gariai'r siec, mi nofia'r don,
Ond cael dy arian ger fy mron.

Hwyrach fod hwn yn ddarlun eithafol ac efallai bod rhai ohonoch yn meddwl ei fod yn ddi-chwaeth yn aralleirio emyn fel hyn, gan dynnu enw Iesu allan a rhoi elw yn ei le. Ond llawer gwaeth yw'r bobl hynny sy'n gwrthod Iesu gan roi elw ac arian yn ei le. Y mae neges yr adnod hon yn un berthnasol iawn i'n cyfnod ni ac i'n meddylfryd yma yng ngwledydd y Gorllewin. Yma rhydd Iesu rybudd clir i bobl ym mhob oes i fod yn ofalus gydag arian oherwydd y mae ganddo'r duedd i feddiannu pobl. (Gw. hefyd Luc 12: 13-21)

DAU FEISTR

Y mae'r adnod hon yn agor gyda'r cymal, *"Ni all neb wasanaethu dau feistr"*. Y mae'r gair a gyfieithir "gwasanaethu" yma yn deillio o'r gair Groeg "doulos" sy'n golygu caethwas ac ystyr y gair *"douleuein"* yw *bod yn gaethwas i* rhywun. Y mae'r gair a gyfieithir meistr sef *"kurios"* yn dynodi perchnogaeth lwyr, gellid felly cyfieithu'r adnod yn - "ni all neb fod yn gaethwas i ddau berchennog". Y mae'r rhediad meddwl yn ddigon amlwg. Os oedd person yn gaethwas, eiddo ei berchennog ydoedd. Roedd gan y perchennog hawl ar ei wasanaeth bedair awr ar hugain a saith diwrnod yr wythnos ac felly roedd yn gwbl amhosibl gwasanaethu dau feistr. Yn yr un modd os yw person yn caru Duw o ddifrif calon fe olyga ymddiried ein bywydau yn eu cyfanrwydd iddo heb ddal dim yn ôl. Golyga gysegru ein doniau, ein hamser, a'n arian i'w wasanaeth. (Gw. Math. 22:37; Marc 12:30) Ni ellir gwasanaethu Duw ar rai diwrnodau o'r wythnos gan gadw'r dyddiau eraill i dduw arall. Ond yr awgrym clir yw fod pobl yn ceisio gwneud hyn yng nghyd destun arian. Chwareuant ffon ddwybig o geisio gwasanaethu Duw a Mamon ar yr un pryd. Ond yn y diwedd y mae'n rhaid dangos teyrngarwch i'r naill neu'r llall. Y mae Judas Iscariot a'r Apostol Paul yn ddau enghraifft o hyn. Yr oedd Judas yn dilyn Crist ac yn gwasanaethu Mamon ac yn y diwedd dilynodd Mamon a bradychu Crist. (Gw. Math. 26: 14-16; Ioan 12:6) Ar y llaw arall fe gawn yr Apostol Paul. Am gyfnod ef oedd un o brif erlidwyr yr Eglwys, ond daeth tro ar fyd gyda'i dröedigaeth ac fe ddaeth cyfnod newydd yn ei fywyd lle yr ystyriai ei gyrhaeddiadau personol, ei feddiannau, ei olud bydol a'r holl bethau y bu mor falch ohonynt yn ysbwriel. (Gw. Phil. 3: 7-11)

"Ni ellir gwasanaethu Duw ac Arian." Os gosodir arian fel prif nod bywyd, y mae pris i'w dalu. Megir cymdeithas sydd yn faterol ei bryd, heb unrhyw ddealltwriaeth na gwerthfawrogiad o faterion ysbrydol. Mewn cymdeithas o'r fath bydd pobl yn amharchu ei gilydd er mwyn cael arian a bydd hunanoldeb yn rhemp.

Rhybuddiwyd ni o hyn gan Ioan, *"Peidiwch a charu'r byd na'r pethau sydd yn y byd. Os yw rhywun yn caru'r byd, nid yw cariad y Tad ynddo ef, oherwydd y cwbl sydd yn y byd - trachwant y cnawd, trachwant y llygaid, a balchder mewn meddiannau - nid o'r Tad y mae ond o'r byd."* (1 Io. 2: 15-16) Trwy roi arian yn gyntaf y mae blaenoriaethau ac egwyddorion pobl yn cael eu drysu'n lan. Fe'n gorchmynnir felly i roi Duw yn gyntaf yn ein bywydau oherwydd wrth wneud hynny rhoddir trefn ar fywyd a'i flaenoriaethau. Yna gallwn weld arian nid fel nod i gyrchu ato ond fel gwas i'w ddefnyddio dan arweiniad Iesu. Fel hyn y dywedodd Paul yn ei lythyr cyntaf at Timotheus. *"Y mae'r rhai sydd am fod yn gyfoethog yn syrthio i demtasiynau a maglau, a llu o chwantau di-reswm a niweidiol, sy'n hyrddio dynion i lawr i ddistryw a cholledigaeth. Oherwydd gwraidd pob math o ddrwg yw cariad at arian, ac wrth geisio cael gafael ynddo crwydrodd rhai oddi wrth y ffydd, a thrywanu eu calonnau ag arteithiau lawer."* (1 Tim. 6:9,10) Y cwestiwn y mae Iesu yn ei ofyn yw pwy yw dy feistr di?

Un darlun a roddir o ddyn yn ceisio gwasanaethu Duw a Mamon yw'r canlynol. Cafodd buwch orau i ffermwr ddau lo, un gwyn ac un coch. Teimlai'r dyn yn neilltuol o ddiolchgar i Dduw felly aeth at ei wraig gan ddweud ei fod am besgi'r ddau lo yna wedi eu gwerthu byddai'n rhoi yr arian am un ohonynt i achos Duw. Gofynnodd ei wraig pa lo yr oedd am ei roi i Dduw. Atebodd yntau nad oedd unrhyw frys i benderfynu. Un dydd dychwelodd y ffermwr yn ôl i'r tŷ yn ddigalon oherwydd fod un o'r lloi wedi marw. Gofynnodd y wraig iddo pa un? Atebodd yntau, llo Duw. Ni allwch wasanaethu dau feistr.

Testun Trafod.

1. A ddyliai Cristnogion gyfrannu at y Loteri Wladol ac a ddylai eglwysi dderbyn arian o'u coffrau?

2. Dywedwn fod pobl yn llawer fwy bydol y dyddiau hyn. Beth a olygwn wrth hyn?

Gwers 31 Y PYRTH A'R FFYRDD (1) (Mathew 7: 13, 14)

Ceir yr ymdeimlad yma fod Iesu'n tynnu tuag at derfyn ei bregeth ac yn hel at gloi. Hyd yn hyn y mae wedi gosod ger ein bron ganllawiau Teyrnas Nefoedd, sef, y modd yr ydym i fyw fel Cristnogion. Yng ngweddill y seithfed bennod y mae fel petai yn cymhwyso'r neges y mae newydd ei chyhoeddi. Gallwn ei ddychymygu'n dweud, "Wel, dyna chi'r math o fywyd yr wyf am i chwi ei fyw. 'Rydych wedi clywed fy ngeiriau, sut ydych am ymateb i'r hyn ddywedais?" Fel hyn y mae'r Efengyl, y mae hi bob amser yn herio a phob amser yn ein gorfodi i ddewis rhwng Duw a'r byd.

Y mae pobl Dduw bob amser yn gosod eraill mewn sefyllfa lle y mae'n rhaid dewis. Er enghraifft pan oedd diwedd y daith yn agosáu i Israel a Moses, a'r ddau ohonynt yn eu ffordd ar fin croesi i wlad yr addewid, dywedodd wrth y bobl, *"Edrych, yr wyf am roi'r dewis iti heddiw rhwng bywyd a marwolaeth, rhwng daioni a drygioni.....Dewis dithau fywyd, er mwyn iti fyw, tydi a'th ddisgynyddion, gan garu'r Arglwydd dy Dduw."* (Deut. 30:15, 19, 20) Felly Iesu, gosodai bobl mewn sefyllfa lle roedd yn rhaid iddynt ddewis rhwng deubeth neu ymateb. Nid oes rhaid ond crybwyll y llywodraethwr ifanc cyfoethog (Luc 18: 18-25), y disgyblion (Math 16:13-16; Marc 1:16-20), Pedr (Math. 14:29; Ioan 21:15-19), Tomos (Ioan 20:24-29) ac fe barhaodd hyn yn hanes yr Eglwys Fore wrth iddynt dystio mai Iesu oedd y Gwaredwr (Act. 2:37-39; 3:6; 9:1-9).

Yma yn yr adran hon o'r ysgrythur mae Iesu eto yn herio pobl gan fynnu ymateb. Yn y testun hwn cawn ddarlun sy'n awgrymu fod person yn cerdded ar hyd ffordd, ac yna daw ar draws ddau borth o'i flaen sy'n arwain i ddwy ffordd ac y mae'n rhaid iddo ddewis mynd trwy'r naill neu'r llall. Yma darlunir dau borth, dwy ffordd, dau math o deithiwr a dau ben i'r daith.

DAU BORTH.

Y mae un porth yn cael ei ddisgrifio fel porth cyfyng, porth cul yw hwn heb lawer o le i fynd trwyddo. Hwn yw porth Duw sef ffordd Duw trwy yr Arglwydd Iesu. Cyn mynd trwyddo hwyrach y byddai rhaid i deithiwr adael ei lwyth ar ei ôl, gan adael ei fagiau oherwydd diffyg lle. Y mae hyn yn arwyddocaol, oherwydd wrth gredu yn yr Arglwydd Iesu mae person yn gadael yr hen ffordd o fyw - e.e., chwant am bethau materol, ysbryd anfaddeugar, hunanoldeb a hunan-gyfiawnder - y tu cefn iddo.

Disgrifir y porth arall fel porth llydan. Y mae digonedd o le i fynd trwyddo. Hon yw ffordd y byd a'i bethau. Gallwch fynd trwy'r porth hwn hefo'ch holl fagiau, gyda llwyth mawr, nid yw'n gofyn am unrhyw newid. Fe gewch fynd trwy'r porth hwn gyda'ch holl nwyddau bydol, eich casineb a'ch chwantau, eich hunanoldeb a'ch hunan-gyfiawnder.

DWY FFORDD.

Y ffordd lydan yw ffordd y byd anghrediniol, di-Dduw. Ar hon caiff y cyd-fforddolion fyw fel y mynnent heb ddisgyblaeth na threfn gan ildio yn gyfangwbl i fateroldeb, chwantau a blysiau cnawdol. Mewn un ystyr y mae hon yn ffordd hawdd o fyw o ran prinder cyfrifoldebau.

Y mae'r ail ffordd yn gul ac anodd ei thramwyo. Yn fynych fe bwysleisia Iesu nad bywyd rhwydd yw'r bywyd Cristnogol, oherwydd fe ddaw anawsterau mawr ar hyd y daith. Y mae'n anodd ei theithio yn yr ystyr y gallwn fel Cristnogion wynebu erledigaeth a gwawd. Y mae'n anodd hefyd yn yr ystyr ein bod i goncro yr holl dueddiadau cas sydd ynom. Wrth rodio hon y mae'n cyfiawnder i fod yn uwch na eiddo'r Phariseaid. Yr ydym i garu ein gelynion a gweddïo dros y rhai sy'n ein herlid. Rhaid hyd yn oed troi y foch arall pan fo pobl yn gas tuag atom. Y mae calon y Cristion yn ddyddiol yn faes brwydr rhwng yr hunan a'r hyn y mae Duw am i ni ei wneud. Profodd Paul hyn ei hun pan ysgrifennodd yn Rhuf. 7:14-25.

Drwy ddefnyddio'r geiriau "cul" ac "ychydig" fe awgryma

Iesu nad peth hawdd yw mynd i deyrnas nefoedd. Y mae'n golygu aberth, ymdrech ac ymwadu â'r hunan. Fe olga wneud pethau sy'n gwrthdaro gyda thueddiadau "naturiol" dyn. Ni ddylai'r eglwys Gristnogol felly roi'r argraff mai peth hawdd yw dilyn Iesu ac nad ydyw yn golygu dim mwy mewn gwirionedd na chanlyn tim pêl-droed. Y mae Iesu yn ein rhybuddio fod ei ganlyn ef yn golygu hunanymwadiad a disgyblaeth. Ond y mae tuedd ambell dro i roi'r argraff mai peth hawdd yw bod yn Gristion fel ymaelodi a *Weight Watchers* ond nid felly y mae. Fel yr adeiladydd a'r brenin rhaid cyfrif y gost ac ystyried yn ddwys cyn bwrw ati. (Luc 14:25-33) Fe rybuddiai'r Piwritaniaid a'r hen Ymneilltuwyr yng Nghymru yn y 18ed a'r 19eg na ddylid rhuthro neb i gredu yn yr Arglwydd Iesu oherwydd y dylent bwyso a mesur yr oblygiadau. Ysgrifennodd H. Hughes amdanynt, yn ei lyfr *'Hanes Diwygiadau Crefyddol Cymru',* "Nid byddai gan ein tadau un amser seiat ar ôl y bregeth, pa mor effeithiol bynag a fyddai. Yr oeddynt am i bobl ddod at grefydd mewn gwaed oer, fel y dywedir, rhag ofn iddynt wneud dim y byddent yn edifarhau o'i herwydd ar ôl iddynt oeri." Pwyll oedd piau hi. A phan ddaeth y System Newydd yn y 19eg ganrif gyda'i arddull pregethu cymelliadol a gyrhaeddodd uchafbwynt gyda diwygiad mawr 1859 gwaredent fod y safonau wedi gostwng gan fod pobl yn cael eu derbyn fel Cristnogion yn rhy rwydd. A ydym ni yn derbyn pobl fel aelodau o'n heglwysi ac fel Cristnogion yn rhy rwydd? Rhaid cydnabod bod credu yn rhwydd, rhaid iddo fod, ond mae'r byw wedyn yn gallu bod yn galed os ydym o ddifrif.

DAU DEITHIWR.

Cyfeirir yma at ddau fath o deithiwr. Y mae'r rhai sy'n dewis y ffordd lydan yn cael eu galw'n llawer a'r rhai sy'n dewis y porth cyfyng yn ychydig. Y mae llu mawr yn dewis ffordd y byd, ac ychydig yn dewis dilyn yr Arglwydd Iesu. Hwyrach y cawn yr argraff fod y tyrfaoedd sy'n heidio ar hyd y ffordd lydan yn hapus a rhydd. A bod yr ychydig sydd ar y ffordd gul yn drist ac i'w pitïo. Dim o gwbl, oherwydd y mae'r rhai sydd ar y ffordd lydan mewn gwirionedd yn gaeth - yn gaeth i bechod, (Gw.Ioan 8:34) tra mae'r rhai sydd ar y ffordd gul yn rhydd ac yn llawen, yn rhydd o'u pechodau trwy Iesu Grist, ac yn cael eu llenwi a llawenydd anrhaethadwy. (Gw. Phil. 2:17; 1 Pedr 1:8) Peth rhwydd yw mynd gyda'r llif a dilyn barn y mwyafrif. Y mae'n rhwydd yng Nghymru heddiw i fod yn anghrediniol ac annuwiol oherwydd felly y mae'r mwyafrif. Y bobl ifanc sy'n gwrthryfela heddiw yw'r rhai sydd yn ein capeli. Y mae'n anodd dilyn Iesu'n ffyddlon oherwydd golyga ein bod yn wahanol. Golyga fyw gydag egwyddorion a daliadau sy'n groes i raen ein cymdeithas seciwlar.

Testun Trafod

1. A ydym yn rhoi'r argraff i bobl mai peth rhwydd yw byw fel Cristnogion?

2. A ydym yn derbyn pobl yn aelodau o'n heglwysi yn rhy rwydd?

3. Rhaid cael llawer mwy o ddisgyblaeth bersonol ac elwysig. Trafodwch.

4. Yn ôl y darlun hwn onid ychydig sydd yn mynd i gredu yn Iesu. Ai delfryd anysgrythurol yw eglwys niferus, luosog?

Y BREGETH AR Y MYNYDD

Gwers 32

Y PYRTH A'R FFYRDD (2)

Mathew 7: 13-14

DAU BEN I'R DAITH

Yn olaf, y mae dau derfyn i'r ffyrdd. Y mae'r ffordd lydan yn arwain i ddistryw. (Gw. Math. 3:12, 25:41) Beth yw'r distryw hwn? Ni wyddom yn union ond gwyddom ei fod yn gyflwr heb Dduw. Yn gyffredinol nid yw'r Testament Newydd yn manylu ar ddistryw'r anghrediniol, a hyn oherwydd ei fod am bwysleisio'r iachawdrwriaeth a'r bywyd newydd yng Nghrist. Y mae llawer o syniadau cyffredinol pobl o ddistryw yn deillio fwy o weledigaethau Dante o uffern nag o'r ysgrythur. Er hynny, dysgir yn bendant yn y Testament Newydd bod canlyniadau erchyll i beidio a chredu yn Iesu fel y dywedir yn y geiriau canlynol; *"Ac fe â'r rhain ymaith i gosb dragwyddol, ond y rhai cyfiawn i fywyd tragwyddol." (*Math. 25: 46)

Y mae'r ffordd gul yn arwain i fywyd yn ei lawnder. I berthynas â Duw trwy Iesu ac i dderbyn o'r bendithion a ddaw trwy gymdeithas â Duw, ac wrth gwrs i fywyd tragwyddol. (Gw. Ioan 14:2,3; 2 Cor. 3:17, 18; Phil. 4:7, 9; 1 Pedr 1:4,8,9.)

Felly, gwahoddiad a geir yn y fan hon gan Iesu i bobl gredu ynddo a'i ddilyn ac fe fydd hynny yn arwain i fywyd. (Math. 11:28-30)

Cadarnha Iesu yr hyn a ddywedodd mewn llawer man arall, mai dim ond un ffordd sydd i berthynas iachus gyda Duw ac i fywyd tragwyddol. Golyga hyn fod Iesu yn hawlio fod yr hyn a gynrychioliai a'r hyn a ddysgai a'r hyn a gyflawnodd yn unigryw yn hanes y byd. Fel y canodd y Cristion anhysbus hwnnw gydag argyhoeddiad,

"Unwaith am byth oedd ddigon
I wisgo'r goron ddrain...
Un Iesu croeshoeliedig
Yn feddyg trwy'r holl fyd."

Ef yw'r unig ffordd, yr unig wirionedd a'r unig fywyd ac nid oes neb yn dod at y Tad ond trwyddo ef. (Ioan 14:6) Golyga hyn nad oes ffordd arall yn hanes dynolryw ac na fydd ffordd arall byth yn y dyfodol i'n cymodi â Duw, yr hyn a gadarnheir gan ddarlun y ddau borth. (Gw. hefyd Marc 16:15,16; Io. 3:36;10:7,9; 1 Cor. 3:11; 1 Tim. 2:5,6; 1Pedr 3:18; 1 Io. 2:9; 5:11, 12; Dat. 20:25) Y mae'n rhaid felly dod i'r casgliad mai gau yw pob crefydd arall. Dywedodd Pedr yn ei araith gerbron y Cyngor, *"Ac nid oes iachawdwriaeth yn neb arall, oblegid nid oes enw arall dan y nef, wedi ei roi i ddynion, y mae i ni gael ein hachub drwyddo."* (Act. 4:12) Heb Iesu y mae pobl yn golledig.

AMLGREFYDD.

Ond y mae'n rhaid i ni fel Cristnogion ddysgu byw gydag amrywiol grefyddau a gwybod beth yw ein hagwedd tuag at y crefyddau hynny. Nid peth newydd yw hyn o gwbl, oherwydd y gwir yw fod Cristnogaeth o'r dyddiau cynharaf wedi tyfu a datblygu o fewn i gymdeithas aml-grefydd. Deilliodd o Iddewiaeth ac ymledodd trwy'r byd Groegaidd a Rhufeinig paganaidd a goleddent lu o dduwiau amrywiol. O'r cychwyn cyntaf gwyddai Cristnogion bod crefyddau arwahân i Gristnogaeth ac yr oedd yn rhaid iddynt ddysgu ymgodymu a her y crefyddau hynny.

Yng Nghymru hyd yn ddiweddar, un prif grefydd sydd wedi bod, ac yn y 19eg ganrif nid oedd aml-grefyddau yn golygu llawer mwy na'r tensiynau rhwng Protestaniaid a Chatholigion. Ond bellach daeth tro mawr ar fyd. Gyda'r datblygiadau mewn cyfathrebu, teithio, technoleg ac economi fyd-eang yr ydym yn byw mewn cymdeithas lle mae llawer mwy o gymysgfa crefyddol. Ar y teledu yn wythnosol gwelwn arferion a defodau crefyddau o bedwar ban y byd, a hynny yn ein cartrefi ein hunain. Yng ngwledydd Prydain y mae Hindwiaeth ac Islam wedi dod yn amlwg a llu o amrywiol grefyddau eraill yn ymddangos hwnt ac yma. Yn aml deuwn i gysylltiad â phobl o ddiwylliannau a daliadau gwahanol, rhywbeth oedd yn gwbl ddieithr yn y ganrif ddiwethaf. Felly, y mae'n bwysig ein bod fel Cristnogion yn trafod hyn fel y gallwn gyd-fyw mewn heddwch cymdeithasol. Sut y dylai Cristnogion ymateb i grefyddau eraill? Y mae tair agwedd gan ddiwinyddion Cristnogol tuag at hyn sef, Neilltuolaeth, Cynhwysoliaeth a Phlwraliaeth.

1. Neilltuolaeth.

Hon yw'r agwedd draddodiadol Gristnogol tuag at grefyddau eraill. Credir nad oes iachawdwriaeth ond yn unig trwy Iesu Grist. Y mae Cristnogaeth yn gyfangwbl unigryw ac mae pob crefydd arall yn annigonol.

2. Cynhwysoliaeth.

Yn ôl y ddamcaniaeth hon, Cristnogaeth yw'r brif grefydd ond y mae iachawdwriaeth yn bosibl trwy grefyddau eraill, ac fe ddigwydd hynny trwy waith anweledig Crist.

3. Plwraliaeth.

Dysg y ddamcaniaeth hon fod pob crefydd yn gydradd â'i gilydd ac yn lwybrau gwahanol tuag at yr un gwirionedd crefyddol. Gwrthodant yn llwyr fod Cristnogaeth yn unigryw a chredant mai un crefydd yw Cristnogaeth ymhlith llawer ac mai un gwaredwr yw Crist ymhlith nifer.

Y mae'n hanfodol ein bod yn ystyried y pethau hyn oherwydd yn ystod y blynyddoedd nesaf yng Nghymru bydd rhaid wynebu her crefyddau eraill fwy a mwy gan fod yn sicr o'r hyn a gredwn. Yn ôl y dystiolaeth Feiblaidd credai Iesu, ei ddisgyblion a'r apostolion mai Crist oedd yr unig achubiaeth. Oblegid hynny rhaid i ninnau ddal yn ddi-ildio wrth hyn neu fe fydd yn ddiwedd arnom. Ar yr un pryd rhaid meithrin ysbryd goddefgar yn ein plith sy'n hyrwyddo parch tuag at ddaliadau eraill ac sy'n ein dysgu i weithredu mewn cariad.

Testun Trafod

1. A ydym ni yn cyflwyno'r efengyl mewn dull rhy annelwig i bobl?

2. Nid yw'r eglwysi traddodiadol yn herio pobl mewn unrhyw

fodd. Trafodwch.

3. A roddwn yr argraff fod y bywyd Cristnogol yn rhwydd?

4. Trafodwch beth a olygir wrth "bywyd" a "distryw" yn yr adnodau hyn.

5. A oes iachawdwriaeth trwy grefyddau eraill? A ydynt yn arwain at Dduw?

Gwers 33 ADNABOD COEDEN (Mathew 7:15-20.)

Daw'r paragraff hwn yn unionsyth wedi i Iesu gyfeirio at y ffordd gul sy'n arwain i fywyd. Y mae fel petai yn dweud, "ewch ar hyd y ffordd gul, ond cofiwch nid yw'n ffordd rwydd i'w cherdded. Fe ddaw amseroedd caled a llwybrau anodd i'w dringo, ac fe ddaw pobl heibio i geisio eich denu oddi ar y ffordd gul. Fe ddaw gau-broffwydi i geisio eich arwain ar gyfeiliorn."

GAU-BROFFWYDI (Ad. 15)

Agorir yr adran hon trwy i Iesu osod egwyddor sydd ar ei feddwl sef ei bod yn hanfodol i'w ddilynwyr ochelyd rhag gau-broffwydi ac fe'u cyffelybir i fleiddiaid. I'r Iddewon yr oedd y gyffelybiaeth hon yn gyfarwydd oherwydd yn achlysurol cyfeiriwyd at rai a dwyllai'r bobl fel bleiddiaid. Condemniai Eseciel arweinyddion Jerusalem gan ddweud, *"Y mae ei swyddogion o'i mewn fel bleiddiaid yn llarpio ysglyfaeth; y maent yn tywallt gwaed ac yn lladd pobl er mwyn gwneud elw."* (Esec. 22:27) Yn yr un modd dywedai Seffaneia am farnwyr y ddinas, *"Llewod yn rhuo yn ei chanol oedd ei swyddogion; ei barnwyr yn fleiddiaid yr hwyr....."* (Seph 3:3,4) Yn y Gymraeg fe ddywedwn ni bod rhywun twyllodrus yn dipyn o hen lwynog/gadno. Yma defnyddir y gair blaidd i ddisgrifio dynion twyllodrus a fanteisient ar y diniwed er hunan-les ac elw. Rhybuddir dilynwIesu yn fynych trwy ddefnyddio'r ddelwedd hon. (Gw. Math. 10:16; Io. 10:12; Act.20: 29-31) Ond disgrifir y gau-broffwydi yma nid yn unig fel bleiddiaid ond fel bleiddiaid yn gwisgo crwyn defaid. Wrth gwrs gwisg arferol bugail oedd croen dafad. Yn fynych wrth fugeilio praidd byddent yn gwisgo'r cnu tu chwithig allan dros eu hysgwyddau. Ond gallai unrhyw ddyn wisgo croen, nid oedd rhaid iddo fod yn fugail. Y mae awgrym yn yr Hen Destament fod y proffwydi yn gwisgo crwyn anifeiliaid neu fantell o flew fel rhyw fath o lifrau proffwydol. Dywedir - yn ôl rhai cyfieithiadau - fod Elias yn gwisgo mantell o flew *"a gwregys o groen am ei ganol"*, ac nid yn ddyn blewog fel y dywed y cyfieithiadau Cymraeg. (2 Bren. 1:8) Dywedir yn llyfr

Sechareia, *"Yn y dydd hwnnw bydd ar bob proffwyd gywilydd o'i weledigaeth wrth broffwydo, ac ni fydd yn gwisgo mantell o flew er mwyn twyllo..."* (Sech. 13:4) Wrth broffwydo dyfodiad Iesu yr oedd Ioan Fedyddiwr yn gwisgo dillad *"o flew camel, a gwregys o groen am ei ganol...."* (Math. 3:4) Y mae'r awgrym yn ddeublyg gan Iesu, y mae gau-broffwydi fel bleiddiad yn ceisio ymdebygu i ddefaid ac y mae rhai yn gwisgo croen anifail gan smalio bod yn broffwyd pan nad ydynt mewn gwirionedd.

NODWEDDION GAU-BROFFWYDI.

Ystyr proffwyd yn y Testament Newydd yw nid person sy'n rhagweld y dyfodol, ond person sydd wedi ei anfon gan Dduw i draethu ynglŷn â gwirioneddau Duw. Felly gau-broffwyd, yn yr ystyr gyffredinol, yw person sy'n honni ei fod wedi ei anfon gan Dduw ond sy'n dysgu pethau sy'n groes i wirioneddau Duw. Mae'n cymryd arno ei fod yn cyhoeddi cenadwri Duw tra ei fod mewn gwirionedd yn cyhoeddi ei gelwydd a'i ddychmygion ei hun. Gall hyn achosi rhwyg o fewn i eglwysi a thristwch mawr mewn bywydau. Y mae'r Testament Newydd yn llawn o gyfeiriadau at y gau broffwydi hyn ac at y ffaith eu bod yn twyllo pobl Dduw. (Gw. Math. 24:24; 27:20; Ioan 7:41, 42; Rhuf. 6:1; 2 Cor. 10:10; Gal 1:6, 9; 2 Tim 2:14-18; 1 Ioan 4:1; Dat. 2:9, 14, 15, 20-24) Nid rhywbeth dibwys yng ngolwg Iesu yw fod pobl yn dysgu pethau cyfeiliornus. Y mae o'r pwys mwyaf gan ei fod yn dylanwadu ar fywydau ysbrydol ei bobl ac ar ei tynged dragwyddol. Rhaid cyfaddef bod y mwyafrif ohonom fel Cristnogion yng Nghymru yn tueddu i fod yn ddi-hid ynglŷn â hyn ac yn llac iawn yn ein hagwedd.

Fe'n rhybuddir yn glir i fod ar ein gwyliadwriaeth rhag y gau-broffwydi hyn ac yn effro i unrhyw ymosodiad. Y mae'n bwysig felly y gallwn eu hadnabod. Wrth gwrs y mae rhai ohonynt yn gwbl amlwg, pobl sydd heb owns o gywilydd sydd yn hyrwyddo eu syniadau eu hunain ar drael y Beibl. Gosodant eu dysg a'u gwybodaeth uwchlaw'r Beibl ac nid ydynt byth yn gosod eu hunain o dan y gair. Un ai diystyrant ddarnau helaeth o'r ysgrythur fel coel gwrach neu ychwanegant ddatugddiad ychwanegol honedig iddo. Ond nid ydynt byth bythoedd yn hapus gyda'r Beibl fel ag y mae. Hwyrach y gellir nodi rhai o brif nodweddion gau-broffwydi fel â ganlyn:

O ran cymeriad tueddant i fod yn hunandybus, gan ceisio eu dibenion eu hunain yn bennaf, yn hytrach na lles y bobl sydd o dan eu gofal. Amlygir hyn mewn amrywiol ffyrdd. Efallai fod eu bryd yn unig ar elwa yn ariannol ac yn faterol o'u dysgeidiaeth. Ymfalchïant yn fawr mewn hunan-bwysigrwydd gan hoffi safleoedd o rym ac awdurdod ac heb os ymwthiant i fod yn geffylau blaen. Ymhyfrydant yn eu dysg a'u syniadau eu hunain ac y mae dangos eu galluoedd ymenyddol yn bwysicach na chynorthwyo eu cyd-gredinwyr trwy eu dysgu. Nododd C.H.Spurgeon y gwahaniaeth rhwng pregethwr da a phregethwr effeithiol fel â ganlyn. "Y mae cynulleidfa'r pregethwr da yn gadael oedfa gan ddweud, "Dyna beth oedd pregethwr da a gwych, yr oedd yn rhagorol." Ond y mae cynulleidfa'r pregethwr effeithiol yn gadael y cwrdd gan ddweud, "Dyna Waredwr da a gwych sydd gennym, onid yw Duw yn rhagorol." Hwyrach y gellid cymwyso hyn i'r gau-broffwyd sy'n hoff o ddyrchafu ei hun.

Fe awgryma Iesu y gall gau-broffwydi fod yn gyfrwys iawn ac o'r herwydd nid yw'n bosibl eu hadnabod. Deuant atoch, meddai, mewn gwisg defaid. Yn allanol ymddangosent yn addfwyn a charedig ond o dan yr wyneb bas y maent yn ddichellgar fel anifail ysglyfaethus yn barod i larpio. Ceisiant wyrdroi ein ffydd yn llwyr trwy eu rhagrith a'u twyll. Gwneir yr awgrym fod y gau-broffwydi hyn yn cael eu trwyn i mewn i'r Eglwys Gristnogol gyda'u dysgeidiaeth amheus ac yna arweiniant bobl ar gyfeiliorn. (Gw. Act. 20:29-31; 2 Pedr 2:1-3)

Y cwestiwn a gyfyd yma yw a yw ein safonnau diwinyddol fel Eglwysi Cristnogol yn ddigon uchel? Oherwydd y mae rhai pobl sy'n pregethu sothach anysgrythurol mewn rhai o'n pulpudau o Sul i Sul, syniadau sy'n tanseilio crediniaeth iach. Gochelwch rhag y gau-broffwydi hyn meddai Iesu. A ddylem ni gael safon i'n pulpudau, ynteu gadael i bawb ddweud beth bynnag a fynnant yn ddilyffethair? A aeth llenwi'r pulpud yn bwysicach na'r hyn a ddywedir o'r pulpud?

ADNABOD GAU-BROFFWYDI (Ad.16-20)

Wrth eu ffrwythau yr adnabyddwch hwy meddai Iesu. Y mae ffrwyth da yn profi bod coeden yn iach a ffrwythau gwael yn dangos bod coeden yn afiach. Felly gyda phobl, y mae'r hyn ydynt yn sicr o amlygu ei hun yn hwyr neu'n hwyrach trwy eu gweithredoedd.

Gall gau-broffwyd dwyllo pobl am gyfnod maith, gan guddio ei wir fwriadau y tu ôl i gochl rhagrith. Ond ni all hynny barhau am byth. Y mae'r ffrwythau yn y diwedd yn sicr o ddod i'r amlwg gan ddangos gwir gymeriad y goeden a'r person. Os nad yw bywyd arweinydd Cristnogol yn adlewyrchu ei ddysgeidiaeth a'i eiriau yna y mae'n twyllo. (Gw.Ioan 15:8-10, Gal. 5:22-24) Ein tuedd ni yw derbyn pobl yn arwynebol, gan adael i allanolion fel acen, dillad, osgo neu gefndir ddylanwadu arnom. Ond nid allanolion sy'n bwysig ond yr hyn sydd y tu mewn. Gallwn ymddangos yn dduwiol, ysbrydol a sanctaidd yn allanol, ond y tu mewn yn llawn twyll. Y mae Duw yn ei ymwneud â phobl yn gwbl ddidderbyn wyneb ac yn edrych ar ein calonnau.(Math. 23:25)

COSB. (Ad.19)

Cyfeirir yma at y gosb y bydd gau-broffwydi yn ei derbyn, y gosb y cyfeirir ati yn gyson yn y Beibl, ond sy'n cael ei hanwybyddu gan fwyaf gennym ni. Bydd pob coeden nad yw'n dwyn ffrwyth yn cael ei thorri i lawr a'i bwrw i'r tân. (Gw. Math. 3:10; 5:22) Rhybudd a gawn yn y fan hon i osgoi pobl sy'n ceisio ein hatal rhag dilyn y gwirionedd yng Nghrist ac i fod ar ein gwyliadwriaeth rhag pobl a geisient newid neges Duw i ffitio eu syniadau a'u bwriadau eu hunain.·

Testun Trafod

1. Pwy yw y gau-broffwydi heddiw?

2. Onid ydym heddiw yn llawer rhy llac yn ddiwinyddol ac yn derbyn unrhyw beth yn ddi-hid?
3. A ydym ni yn rhoi gormod o bwys ar allanolion wrth fesur

pobl yn hytrach na'r hyn sydd y tu mewn?

4. Y mae llawer o sôn am gosb yn y Testament Newydd. Beth a olygir wrth hyn?

5. A aeth llenwi'r pulpud yn bwysicach na'r hyn a ddywedir o'r pulpud?

Gwers 34 ARGLWYDD, ARGLWYDD (Mathew 7: 21-23)

Siaradwr a gweithredwr yw testun yr adnodau hyn. Y siaradwr yw'r un a ddywed "Arglwydd, Arglwydd", ond heb weithredu ewyllys y Tad yn y nefoedd a'r gweithredwr wrth gwrs yw'r un sydd yn gwneud ewyllys y Tad.

DYDD Y FARN

Yn y paragraff blaenorol cyfeiriodd Iesu at y gau-broffwydi. Yn y fan hon mae'n symud ymlaen i ddweud, *"nid pawb sy'n dweud wrthyf 'Arglwydd, Arglwydd', fydd yn mynd i mewn i deyrnas nefoedd."* Y mae'n bosibl fod Iesu yma yn cyfeirio at Ddydd y Farn gan ei fod yn sôn yn adnod 22 am y "dydd hwnnw". (Gw. Math. 24:36; Marc 13:32) Unwaith eto aeth Dydd y Farn yn syniad dieithr inni. Dydd yw hwnnw pryd y bydd yn rhaid i bawb - credinwyr ac anghredinwyr - sefyll ger bron y Barnwr Iesu Grist gan roi cyfrif iddo am eu bywydau. Fel y dywedir yn 2 Corinthiaid, *"Oherwydd rhaid i fywyd pawb ohonom gael ei ddwyn i'r amlwg gerbron brawdle Crist, er mwyn i bob un dderbyn ei dal yn ôl ei weithredoedd yn y corff, ai da ai drwg."*(2 Cor. 5:10; Rhuf. 14:10) Ychydig iawn o gynulleidfaoedd Cymru erbyn hyn sy'n canu, heb sôn am ganu gydag unrhyw arddeliad, eiriau y bardd a'r gramadegwr Bardd Nantglyn, Robert Davies (1769 - 1835);

"Dduw mawr! pa beth a welaf draw?
Diwedd a braw i'r hollfyd!
Mi wela'r Barnwr yn nesau
Ar glaer gymylau tanllyd:
Yr utgorn mawr yn seinio sydd.
A'r beddau'n rhoi eu meirw'n rhydd,
I wae, neu ddydd o wynfyd."

Ond cyn wired ac y dywedodd Iesu, *"Myfi yw'r bugail da"*, dywedodd hefyd, *"Nid yw'r Tad chwaith yn barnu neb, ond y mae wedi rhoi pob hawl i farnu i'r Mab....."* (Ioan 5:22) Dywedodd

Iesu yn blwmp ac yn blaen y byddai rhyw ddydd yn dychwelyd i'r byd hwn mewn gogoniant ac y bydd pawb yn atebol iddo. (Math. 25:31; 26:64; 28:18; Phil 2:9, 10; Datg. 20:11-15) Y mae'r ddysgeidiaeth o farn yn amlwg yn y Beibl ac yn un y mae'n rhaid inni ei hastudio yn hytrach na'i hanwybyddu a gobeithio'r gorau. Y mae'n ddysgeidiaeth sy'n tanlinellu awdurdod Iesu Grist a'i nerth gan ddangos yn glir gyfiawnder Duw.

HUNANYMHOLIAD.

Y mae'r geiriau hyn yn sicr o'n sobri fel Cristnogion gan ein harwain i holi ein hunain yn ddwys. Y mae'n rhwydd siarad yn dduwiol, smalio bod yn grefyddol a swnio'n Gristnogol. Yn wir, gallwn dwyllo ein hunain, heb sôn am bobl eraill, ein bod yn grefyddwyr da. Ond anodd yw byw yn ôl traed Iesu, fel y cyffesodd Morgan Rhys (1716-79), Cwm Gwaun Hendy, Llanfynydd, awdur "Golwg o Ben Nebo";

"Gwnes addunedau fil
I gadw'r llwybr cul,
Ond methu'r wy'......"

A yw pawb sy'n ymddangos fel petaent yn llefaru'r gwirionedd yn wir Gristion? Yr ateb yw, na, oherwydd rhaid i'w geiriau gael eu ategu gan eu gweithredoedd. Yn ogystal â siarad fel crediniwr rhaid gwneud ewyllys y Tad. Rhaid dweud bod hyn yn ddychryn a'n gweddi feunyddiol ddylai fod, "Aglwydd Iesu, dysg i'm gerdded, Trwy y byd yn ôl dy droed."

Roedd y rhai a ddisgrifir yn adnod 22 yn ceisio cyflwyno eu hunain fel gwir weision i Iesu, ond nid oedd eu hymddygaid yn ategu eu geiriau. (Gw.Luc 6:46) Ar ddydd y farn bydd rhai yn canfod, er eu bod wedi twyllo eraill, na allant dwyllo'r Barnwr. Y mae'r neges yn gwbl glir - y mae'n bwysig holi ein hunain fel Cristnogion. Y mae'r adran hon yn ein atgoffa o'r adran ysgytwol honno yn Mathew 25:31-46, sy'n dod a ni at ein coed fel Cristnogion.

Dylai'r geiriau hyn hefyd ein hysgogi fel eglwysi i ofyn ym

mha ffyrdd y mae bywyd ein heglwysi ni yn adlewyrchu ein ffydd yn Iesu. A adlewyrchir hynny yng nghymdeithas y saint? Ym mha ffyrdd ymarferol yr ydym ni yn dylanwadu ar ein cymunedau? A fyddai'n gwneud unrhyw wahaniaeth ymarferol i'n cymuned/pentref/tref pe bai'n heglwys yn peidio a bod yfory?

YN EI ENW EF.

Y mae'r bobl yn y darlun yn cyfiawnhau eu hunain, gan ddweud, *"oni fuom...yn dy enw di."* Un o'r gwersi yma yw y bydd rhai yn cymryd enw'r Arglwydd yn ofer gan ddefnyddio rhith Cristnogaeth i'w dibenion eu hunain? Dros y canrifoedd gwelwyd pobl yn cyflawni pob math o weithredoedd ysgeler yn enw Crist. Yn enw Crist y mae pobl wedi eu llofruddio, eu treisio, eu herlid a'u carcharu, nid oherwydd eu bod hwy yn dilyn Crist ond oherwydd bod eu herlidwyr yn ffug arddel ei enw. Yma, roeddent wedi cyflawni gweithredoedd er mwyn dyrchafu eu hunain. Efallai bod rhai o'u gweithredoedd a'u geiriau yn dda a chanmoladwy, ond nid oeddent wedi gwneud ewyllys y Tad. Oherwydd hyn dywedodd Iesu wrthynt, *"Nid adnabûm erioed mohonoch."* Darlun ysgytwol a difrifol yw hwn. Y mae Crist yn adnabod pob un o'i ddilynwyr, pawb sy'n credu ynddo ac ni all neb ei dwyllo. Y mae ef yn gwybod yn union beth sydd y tu mewn i bawb ohonom. (Gw. Ioan 2:24; 10:14) A fyddai unrhyw beth yn waeth na chlywed Iesu yn dweud wrthym,

"*Ewch ymaith oddi wrthyf chwi ddrwgweithredwyr.*"

Testun Trafod

1. A ydym yn gwneud yn fach o ddysgieidiaeth Dydd y Farn?

2. Ym mha ffyrdd ymarferol yr ydym ni yn dylanwadu ar ein cymunedau fel eglwysi?

3. A fyddai'n gwneud unrhyw wahaniaeth ymarferol i'n cymuned/pentref/tref pe bai'n heglwys leol ni yn peidio a bod yfory?

Gwers 35 — Y DDAU DŶ (Math. 7:24-27)

YR ADEILADAU

Y mae'r bregeth ar y mynydd yn cloi gyda dameg drawiadol a elwir weithiau yn ddameg y ddau dŷ, dameg y ddwy sylfaen neu dameg y ddau ŵr. Y mae'r ddau gymeriad yn y ddameg yn adeiladwyr, fel pawb ohonom, oherwydd wrth fyw rydym yn adeiladu ac y mae pob meddwl, pob dymuniad, pob gweithred o'n heiddo fel bricsen ac o dipyn i beth y mae adeiladwaith sef bywyd yn ymddangos. Tynnir ein sylw yn gyntaf at y dyn call a dywedir tri pheth amdano.

1. Y mae'n adeiladu tŷ.
2. Cyfeirir at y prawf a roddwyd ar y tŷ.
3. Sonir am ganlyniad y prawf.

Dilynir yr un drefn yn union gyda'r dyn ffôl. Sylwn mai dau adeiladydd sydd yma nid tri neu bedwar gan fod Iesu wastad yn rhannu pobl yn ddwy garfan, y rhai sydd yn ei ddilyn a'r rhai sy'n gwrthod ei ddilyn. (E.e. Math. 6:22, 23; 7:13, 14; 7:17; 10:39; 13:11,12)

Er bod gwahaniaethau mawr rhwng y ddau adeiladydd, ar y dechrau ymddangosant yn eithaf tebyg. Bwriad y ddau yw adeiladu tŷ yn yr un ardal ac fe awgrymir y byddai'r anedd yn agos at afon. Rhaid cofio bod y tai yng nghyfnod Iesu yn rhai cymharol simsan, oherwydd, fel y gwyddom, gallai lladron dorri trwy'r muriau yn gymharol ddi-ffwdan (Math. 6:19) a gellid torri twll trwy'r toeau yn rhwydd (Marc 2:3). Felly, roedd sylfaen yr adeiladau yn holl bwysig.

YR ADEILADU

Er hynny, y mae gwahaniaethau mawr rhwng y ddau adeiladwr. Roedd y cyntaf yn gall. Meddyliodd yn ddwys am yr adeilad a chynlluniodd yn fanwl beth yr oedd am ei wneud. Gofynnai iddo'i hun, beth os daw tywydd garw a stormydd? Beth os bydd yr afon acw yn codi? Felly, cyn adeiladu y mae'n cloddio trwy'r tywod ar greuan nes cyrraedd y graig. (Gw. Luc 6:48) Yna mae'n gosod sylfeini y tŷ ar y graig, gan adeiladu arnynt.

Y sylfaen i adeilad ein bywyd yw geiriau Crist, nid yn unig y geiriau yn y Bregeth ar y Mynydd ond ei eiriau trwy'r holl Feibl. Y graig hefyd yw Iesu ei hun, ef yw sylfaen ein ffydd, conglfaen yr Eglwys. (Gw. 1 Pedr 2:6; 1 Cor. 3:11; 10:4) Y mae adeiladu ein tŷ ar y graig - ar Iesu - yn golygu gwrando a gweithredu ei eiriau. Nid digon yw gwrando.

Yn wahanol i'r dyn call mae'r dyn ffôl yn gweithredu'n fyrbwyll. Nid yw'n meddwl o flaen llaw, nid yw'n cynllunio. Disgwylia hwn i'r tywydd braf barhau am byth. Felly, yn ei frys fe adeilada ei dŷ ar y tywod a'r greuan. Cofiwch, hwn yw'r dyn sy'n gwrando ar eiriau Iesu ond heb eu gwneud. Gwrendy ar y geiriau ond ânt i mewn trwy un glust ac allan ar eu hunion trwy'r llall. Hawdd darllen geiriau'r Beibl, rhwydd yw gwrando ar bregethau ond anodd yw eu gweithredu. Sylfaen bywyd hwn yw ei ddymuniadau ei hun. Dymuna gael bendithion gan Dduw ond nid yw'n fodlon rhoi ei fywyd i Dduw.

Y PROFI

Yna cawn ddarlun o'r prawf a roddir ar y ddau dŷ. Disgynnodd y glaw, cododd y dŵr yn yr afon a chwythodd y gwynt yn gryf gan fygwth y ddau dŷ. Yn yr un modd daw profedigaethau a drycinoedd i ran gwrandawyr yr Efengyl, boed gall neu ffôl, a hynny mewn amrywiol ffyrdd. Daw llifogydd temtasiwn, anghrediniaeth, tristwch a digalondid i'n rhan ac fe chwyth gwyntoedd cryfion marwolaeth, afiechyd, siom a phoen. Gall y rhain fygwth sylfeini ein bywyd a'n bodolaeth.

CANLYNIAD Y PRAWF

Wedi'r storm y mae tŷ'r dyn call yn sefyll. Nid oedd y gwyntoedd cryfion yn gallu ei ddymchwel, na'r llifogydd nerthol yn gallu ei danseilio. Wedi'r storm a'r rhyferthwy saif yn tŷ yn ddiysgog a'r rheswm am hynny oedd y sylfeini cadarn ar y graig. Yn yr un modd gyda phawb sy'n gwrando a gwneud geiriau Iesu. Beth bynnag sydd gan fywyd i'w luchio tuag atynt, gallant sefyll yn gadarn.

Ar y llaw arall, ychydig o amser a gymerodd y glaw, y lli a'r gwynt i danseilio a dymchwel tŷ y dyn ffôl. Golchwyd ymaith y tywod ar greuan mewn dim amser. Hwn oedd yr un oedd yn gwrando yn unig gan sylfaenu ei fywyd ar bethau eraill. Syrthiodd yr adeilad a dirfawr oedd ei gwymp. Pan ddaw profedigaethau i'r angrhediniwr nid oes sylfaen i'w fywyd. Y mae'r cwbl yn dadfeilio heb Grist. (Slm. 127:1) Felly'r neges yw, gwrandewch, credwch a gweithredwch. Y mae un gair am wrando a gwneud sef ufuddhau. Gofyn y mae Iesu trwy gyfrwng y ddameg hon am ufudd-dod ei bobl.

Y mae'n gwbl addas mai'r ddameg hon oedd geiriau olaf Iesu yn i bregeth fawr oherwydd ei bod yn herio'r gwrandawyr i ymateb. Gallent adael ar ôl gwrando ar ei eiriau heb iddynt wneud unrhyw wahaniaeth i'w bywydau. Neu fe allai'r geiriau weddnewid eu bodolaeth gan droi eu bywydau oll a'r byd mawr i ffyrdd Duw.

Y mae'n syndod faint o bobl o Sul i Sul sy'n gwrando ar eiriau Iesu. Meddant ar wybodaeth eang o'r Beibl a dysgeidiaeth Crist ond am ryw reswm nid ydyw yn eu taro i droi'r hyn a glywant yn elfen weithredol yn eu bywydau o ddydd i ddydd.

AWDURDOD (Ad. 28, 29)

Pan orffennodd Iesu draethu yr oedd y gwrandawyr wedi eu synnu yn fawr. Gellir nodi nifer o resymau am hyn. Yr oedd Iesu, yn wahanol i'r ysgrifenyddion, yn llefaru'r gwirionedd. Yn ystod ei bregeth cyfeiriodd at bethau aruthrol bwysig, materion yn ymwneud â bywyd, marwolaeth a thragwyddoldeb. Materion oedd yn gwbl berthnasol i'w wrandawyr. Wrth wneud hynny yr oedd wedi ennyn diddordeb ynddynt trwy ddefnyddio darluniau trawiadol a dealladwy. Yr oedd yn athro heb ei ail, ac yn esiampl i unrhyw un sy'n ceisio esbonio'r efengyl. Gallai Iesu fod wedi syfrdanu'r bobl hyn yn unig gyda'i ddeallusrwydd aruchel, ei arabedd rhagorol neu ei ysgolheictod ysblennydd. Gallai fod wedi defnyddio iaith a geirfa a fyddai mor odidog fel y byddai'n annealladwy i'r gynulleidfa. Ond nid dyna ddull Iesu, defnyddiai ddarluniau cyffredin gan gyfleu dirgelion Duw yn syml a di-addurn. Dyma wers i ambell bregethwr ac athro. Nid pwrpas eu gwaith yw syfrdanu eraill gyda'u gwybodaeth a'u dawn ond cyflwyno efengyl Iesu Grist mewn ffordd ddealladwy a pherthnasol. Nodwedd arall o Iesu oedd ei fod yn siarad fel un oedd yn amlwg yn caru pobl, pryderai am eu cyflwr, am eu perthynas â Duw ac am y gafael yr oedd gan bechod arnynt. Ac heb os, siaradai fel un oedd ag awdurdod ganddo. Yr oedd hyn yn anochel, oherwydd yr hyn ydoedd. Pan lefarai ef yr oedd Duw yn llefaru. (Ioan 14:10) Ochr yn ochr ar gŵr rhyfedd hwn distadl yw pob athro a siaradwr arall.

Y mae awdurdod di-gyffelyb yng ngeiriau Iesu a da fyddai i ni wrando arnynt a'u gweithredu, oherwydd yma y mae dyfodol sicr i'r eglwys Gristnogol yng Nghymru a'r byd.

"N'ad im adeiladu'n ysgafn
Ar un sylfaen is y ne';
Na'd im gymryd craig i orffwys
Tu yma i angau yn dy le:
Ti, fy Nuw, tra fwyf byw,
Gaiff fod fy ngorffwysfa wiw."

Testun Trafod

1. A ydym ni yn euog o or-gymhlethu'r Efengyl?

2. A oes angen defnyddio iaith symlach yn ein gwasnaethau?

3. Ar wahân i Dduw, beth arall y mae pobl yn eu gosod fel sylfaen bywyd?

MEHEFIN HOLL ARFOGAETH DUW

Gwers 36 Y FRWYDR FAWR

(Effesiaid 6:10 - 20)

I'r darllenwyr gwreiddiol yn yr eglwysi byddai'r adran hon wedi bod yn ysgytwol. Cychwynna Paul y llythyr hwn trwy gyfeirio at ddirgelion gras a'r bendithion ysbrydol yng Nghrist, eu hachubiaeth, am y cariad oedd uwchlaw gwybodaeth, am eu tangnefedd a'u hundod. Ymhelaetha yn y 4edd, y 5ed a chychwyn y 6ed bennod trwy gyfeirio at y gymdeithas newydd y mae Duw wedi ei chreu trwy Grist ac am yr egwyddorion newydd sy'n rhan hanfodol o'r gymdeithas honno o ran ysbryd, ymarweddiad a moes.

Ond yma, yn y 6ed bennod, ceir trawsnewidiad llwyr a thrawiadol yn naws y llythyr gydag adnodau'n cyfeirio at ryfel brwnt yn erbyn gelyn grymus. Y mae'r bywyd prydferth, felly, i'w fyw yng nghyd-destun rhyfel a brwydr chwyrn. Hyd yma bu pwyslais Paul ar gynllun Duw i greu un ddynoliaeth newydd trwy farw ac atgyfodiad Crist. Ond yn yr adnodau hyn dengys bod y gwirionedd o fyw y bywyd Cristnogol yn llawer caletach na'r ddelfryd.

MWY NA'R FFORDD - TYDI YW NGRYM. (Ad. 10 - 11A)

"Yn olaf, ymgryfhewch yn yr Arglwydd ac yng ngrym ei allu ef. Gwisgwch amdanoch holl arfogaeth Duw......." Ymddengys fel petai Paul yn dweud, "Er mwyn cyflawni'r holl bethau rwyf wedi eu crybwyll yn y llythyr hwn mae'n rhaid i chwi ymgryfhau yn yr Arglwydd gan sylweddoli mai ynddo ef yr ydych yn symud, yn byw ac yn bod, ac ar wahân iddo ef ni allwch gyflawni un dim." (Gw. Act. 17:28) Yn wir, fel Cristnogion rhaid sylweddoli ein dibyniaeth lwyr ar Dduw yn faterol ac ysbrydol. Fel y dywedodd Iesu mor glir wrth gyfeirio at y wir winwydden. *"Arhoswch ynof fi a minnau ynoch chwi. Ni all y gangen ddwyn ffrwyth ohoni ei hun, heb iddi aros yn y winwydden; ac felly'n union ni allwch chwithau heb i chwi aros ynof fi."* (Ioan 15:4) Ni all y gangen fyw heb y

winwydden, oddi wrthi hi y daw ei maeth, ei nerth, ei bywyd a'i bodolaeth. Felly'r Cristion mewn perthynas â'r Arglwydd. Fel Cristnogion mae'n holl nerth, ein holl rym, nid ynom ni ein hunain ond yn Nuw trwy yr Arglwydd Iesu. Felly, pa gyngor doethach sydd nac *"Ymgryfhewch yn yr Arglwydd."* Ef sydd yn ein hatgyfnerthu a'n adfywio i wrthsefyll pob bygythiad a ddaw i'n rhan. Ond ar ben hynny mae'n annog y Cristnogion, i wisgo *"holl arfogaeth Duw"*, yr arfau y mae Duw wedi eu paratoi ar ein cyfer. Byddwn yn ymhelaethu ar yr arfau yn y man.

AWN I GWRDD Â'R GELYN (Ad. 11B-12)

Ond pam y dylem wisgo holl arfogaeth Duw? Yng ngweddill yr unfed adnod ar ddeg a'r ddeuddegfed rhydd Paul y rheswm. *"....er mwyn i chwi allu sefyll yn gadarn yn erbyn cynllwynion diafol. Nid â dynion yr ydych yn yr afael, ond â thywysogaethau ac awdurdodau, â llywodraethwyr tywyllwch y byd hwn, â phwerau ysbrydol drygionus yn y nefoedd."*

Galwad sydd yma i frwydr ac i faes y gad, cadlef i ymladd yn enw Crist. Ond nid rhyfel confensiynol gyda dynion ydyw, ond rhyfel ysbrydol yn erbyn cynllwynion diafol a phwerau ysbrydol drygionus. Ond faint ohonom sydd yn cymryd y geiriau hyn o ddifrif gan ystyried eu harwyddocâd i'n sefyllfa ni fel eglwysi yng Nghymru? Oherwydd y mae Cristnogion yn ymateb i adrannau fel hyn o'r ysgrythur sy'n sôn am Satan ac ysbrydion aflan mewn amrywiol ffyrdd.

Y mae rhai Cristnogion yn anghyfforddus iawn gydag adrannau fel hyn o'r ysgrythur, yn rhannol oherwydd eu bod yn rhyfelgar eu naws ac yn rhannol oherwydd eu bod yn ansicr iawn yn eu dealltwriaeth o'r diafol a phwerau'r tywyllwch. O ganlyniad tueddant i anwybyddu unrhyw adnodau sy'n cyfeirio at bwreau drygionus, diafol a chythraul. Ond y mae hyn yn beryglus gan mai un o driciau cyson y diafol yw arwain pobl i gredu nad yw'n bodoli gan ymrithio fel angel goleuni. (Gweler C.S.Lewis, *Screwtape Letters*) I'r eithaf arall mae rhai sy'n mynd dros ben llestri'n llwyr gan fynd i feddwl yn ormodol am y diafol a gweld cythreuliaid ym mhawb a phopeth. Yn sgîl hyn rhoddant fwy o sylw i'r diafol nac i Iesu, i dywyllwch na goleuni a pheth cwbl afiach yw hynny.

Tuedd eraill yw cymryd y cyfeiriadau'n ysgafn mewn ffordd ffwrdd â hi, gan ddefnyddio'r hen ystrydebau. "Dyn ei oes oedd Paul, ac roedd ofergoeliaeth yr oes yn amharu ar ei ddealltwriaeth o bethau. Rydym wedi symud ymlaen o'r fan honno, yn fwy datblygiedig ac yn deall pethau'n well." Mewn gwirionedd, nid yw ein hoes fodern, dechnolegol, faterol, gyfrifiadurol yn rhoi ystyriaeth i'r diafol. Fe'u llyncir yn llwyr gan wyddonwyr sy'n dweud y gellir tadogi pob gwendid i geneteg a'r hyn a fwyteir a chymdeithasegwyr sy'n olrhain pob drwg i fagwraeth a dylanwadau cymdeithasol a gwleidyddion sy'n hau hadau gobaith celwyddog y daw popeth yn dda maes o law drwy eu polisiau hwy. 'Rydym ninnau'n euog o gyfaddawdu gan dderbyn eu geiriau hwy ar draul y dystiolaeth Feiblaidd, a Duw a'n helpo ni fel Cristnogion os na sylweddolwn fod y drwg ar waith yn ein byd.

Yna y mae eraill, pobl hirben fel arfer, yn hoff o esbonio'r Beibl gan ddileu'r goruwchnaturiol ohono. Y mae rhai ysgolheigion Beiblaidd yn dilyn y trywydd hwn. e.e., gyda'r union adran hon yr ydym yn myfyrio arni bu diwinyddion yn y 50au fel Gordon Rupp yn ei waith *Principalities and Powers,* (1952), Hendrik Berkof yn *Christ and the Powers.* (1959), G.B. Caird, Dr.Marcus Barth, ac eraill, yn ceisio dadansoddi'r 12ed adnod gan ddweud mai cyfeirio yr oedd Paul yn uniongyrchol at sefydliadau dynol llygredig fel gwladwriaethau, systemau gwleidyddol, cyfundrefnau cymdeithasol a strwythurau meddwl ac nid at rymoedd goruwchnaturiol. Nid bod yr hyn a ddywedwyd ganddynt yn anghywir, ond nad oeddent yn mynd yn ddigon pell. Y mae cyfundrefnau o bob math yn cael eu camddefnyddio ond onid yw hynny'n wir am bopeth? Onid y math yma o siarad oedd ym meddwl Gwenallt pan yr ysgrifennodd y pennill hwn yn "Ar Gyfeiliorn?"

"Y duwiau sy'n cerdded ein tiroedd yw ffortun a ffawd a hap,
A ninnau fel gwahaddod wedi ein dal yn eu trap;
Nid oes na diafol nac Uffern dan loriau papur ein byd,
Diffoddwyd canhwyllau'r nefoedd a thagwyd yr angylion i gyd."

Testun Trafod.

1. A ydych yn credu fod y darlun hwn o ryfel a'r cyfeirio at arfau yn groes i'r syniad mai Tywysog Tangnefedd yw Iesu?

2. Dywedodd Iesu, "nid i ddwyn heddwch y deuthum ond cleddyf." Math. 10:34 Beth olygai wrth hyn?

3. Ceisiwch diffinio beth yw'r Diafol.

Gwers 37 NODWEDDION Y GELYN (Effesiaid 6:13)

Yr hyn a wna Paul yw ein rhybuddio ein bod yn rhan o ryfel ysbrydol a bod pwerau ar waith sydd â'u bryd ar danseilio Teyrnas Dduw. Pwerau sy'n gallu dylanwadu ar unigolion a sefydliadau ac o ganlyniad mae angen inni fod ar ein gwyliadwriaeth. Os mai bwriad Duw yw achub pobl o ddistryw, eu nod hwy yw arwain pobl i ddifancoll. Os mai bwriad Duw yw creu cymdeithas newydd, eu bwriad hwy yw dinistrio'r cwbl. Os mai bwriad Duw trwy Iesu yw chwalu'r canolfur o elyniaeth rhwng cenhedloedd a diwylliannau, yna bydd y diafol a'i labrwyr yn ceisio ei hailadeiladu. Os mai bwriad Duw yw cymodi ac achub pobl i fyw mewn cytgord a'i gilydd, yna bydd byddinoedd drygionus yn cesiso hau pechod ac anghytgord. Cadarnheir y farn hon gan dystiolaeth Feiblaidd, e.e., Temtasiwn yr Arglwydd yn y diffaethwch (Math. 4:1-11), gwaith Iesu'n bwrw allan gythreuliaid (Luc 4:31-37; 8:26-39) a'r ffaith ei fod wedi awdurdodi'r disgyblion i wneud yr un modd. (Luc 10:17-20)

Heb y ddealltwriaeth hon y mae'n diwinyddiaeth yn unochrog ac rydym yn gwneud yn fach o waith gwaredigol yr Arglwydd. Os nad oes Diafol pam fod Iesu'n cyfeirio ato? Os nad oes teyrnas y tywyllwch, yn erbyn beth y mae'n brwydr? Os nad oes Uffern rhag beth y bu i Iesu ein hachub a thaliad mor ddrud? Ac onid ofer felly, oedd ei aberth?

Cymerai Paul y pwerau hyn yn gwbl ganiataol, nid fel damcaniaeth ond fel ffaith. Nid yw'n ymhelaethu ar darddiad na ffurfiau'r pwerau drygionus oherwydd nad bwydo ein cywreinrwydd oedd ei fwriad, ond yn hytrach ein galluogi i ymladd yn eu herbyn. Er hynny, rhydd rai awgrymiadau defnyddiol am y gelyn hwn.

NODWEDDION Y GELYN.

Dywedir tri pheth yn benodol am y gelyn. Ei fod yn,

1. Cyfrwys. "cynllwynion diafol." - Groeg, "methodeias" - Slei, cynllwyngar, twyllodrus. (Gw. 1 Pedr 5:8, Gn, 3:1) Cynllwynio mae'r diafol, anaml y mae'n ymosod yn agored ar bobl a sefydliadau, mae'n hoff o weithio'n gudd gan hau hadau casineb a balchder a dywedir amdano'n 2 Cor. 11:14-15, *"Ffug apostolion yw'r fath ddynion, gweithwyr twyllodrus, yn ymrithio fel apostolion i Grist. Ac nid rhyfedd, oherwydd y mae Satan yntau yn ymrithio fel angel goleuni. Nid yw'n beth mawr, felly, os yw ei weision hefyd yn ymrithio fel gweision cyfiawnder."*

2. Nerthol - mae ganddo dywysogaethau, awdurdodau a llywodraethwyr. Pwyslais yr Ysgrythur yw fod y byd yn *cosmos diabolicus. "Yr ydym yn gwybod ein bod ni o Dduw, a bod yr holl fyd yn gorwedd yng ngafael yr un drwg."* (1 Io.5:19. Gw. hefyd Es. 5:20; Eff.2:2; Act. 26:18; Math. 4:8-9.)

3. Drwg - "pwerau ysbrydol drygionus". Mae'r gelyn yn defnyddio ei rym er drwg, i ddinistrio. Mae'n casáu goleuni, nid oes ganddo gydwybod, trugaredd, moesau nac edifeirwch a'i fwyniant pennaf yw anghrediniaeth, pechod, anfoes, tristwch a dioddefaint. Dysgodd Iesu ni wrth weddïo i ddweud, *"gwared ni rhag y drwg"* - yr Un drwg.

Mae'r tywysogaethau hyn yn rymus, ond grymusach yw Duw a'r hyn sy'n hanfodol i'w gofio yw mai grymusterau ydynt sydd eisoes wedi eu trechu trwy fuddugoliaeth y Groes a'r atgyfodiad. Y mae'r Arglwydd Iesu wedi cario'r dydd ac y mae holl bwerau'r fall wedi eu mathru o dan ei draed. Trwy waith Iesu mae'r rhyfel wedi ei ennill er fod y brwydro yn parhau. *"Yn y pethau hyn yr ydym yn derbyn buddugoliaeth lwyr trwy'r hwn a'n carodd ni."* (Rhuf. 8:37) Fel y canodd William Williams, Pantycelyn,

> *"Ffydd, dacw'r fan a dacw'r pren,*
> *Yr hoeliwyd arno D'wysog nen*
> *Yn wirion yn fy lle,*
> *Y ddraig a 'sigwyd gan yr Un,*
> *Cans clwyfwyd dau, Concwerodd un,*
> *A Iesu oedd Efe."*

Y DYDD DRWG (Ad.13)

O ganlyniad i hyn gelwir arnom i sefyll yn gadarn, i ymegnïo ac i frwydro'n ffyrnig dros yr Arglwydd Iesu gan wisgo arfau'r goleuni. Fe ddylai'r adnodau hyn ein herio i feddwl a'n hysgogi i weithgarwch mwy ac i frwydro'n galetach dros Deyrnas Dduw yn ein hardal, ein gwlad a'n byd.

"Gan hynny, ymarfogwch â holl arfogaeth Duw, er mwyn ichwi fedru gwrthsefyll yn y dydd drwg, ac wedi cyflawni pob peth, sefyll yn gadarn." (ad. 13)

Ni allwn fod yn gwbl sicr beth olygai Paul gyda "dydd drwg" yn y fan hon. Y mae'n bur debygol ei fod yn cyfeirio at gyfnodau anodd pan fyddai'r eglwys dan warchae a Christnogion dan erledigaeth. Ond un peth sy'n sicr yw ei bod yn ddyddiau drwg yma yng Nghymru yn ysbrydol a moesol. Wrth i ddylanwad Cristnogaeth golli ei afael ar ein pobl gwelwn wawl paganiaeth yn cau amdanynt a phwerau'r tywyllwch yn amlygu eu hunain o'r newydd. Gelwir da yn ddrwg a'r drwg yn dda. Hybir anfoesoldeb, anniweirdeb, materoldeb a hunanoldeb fel ffordd o fyw a nod amgen bodolaeth. Dyrchefir agweddau o'r ocwlt, gwrachyddiaeth, dewiniaeth, gwŷr hysbys, seryddwyr, dwyfoli'r cread, amldduwiaeth a phaganiaeth fel pethau hynod dderbyniol. Ceir sbwriel cableddus ar y y teledu ac mewn cyhoeddiadau amrywiol sy'n dirmygu Duw, yn amharchu ein Harglwydd ac yn diraddio pobl. Y mae ein plant yn agored i bob math o lysnafedd ac afledneisrwydd. Ar ben hyn rydym ni yn aneffeithiol a llwfr yn wyneb yr ymosodiadau sydd ar ein ffydd. O do! Fe ddaeth y dydd drwg ac nid oes dim sicrach na'n bod ni mewn brwydr ac mae'r gorchymyn yn amlwg: safwch yn gadarn a gwisgwch holl arfogaeth Duw, yr arfau a luniwyd ar ein cyfer yn ei ofaint Ef.

Pan oedd y chwareli llechi yn eu hanterth yng Nghymru yr oedd pob chwarelwr yn gweithio ar ran penodol o graig, yr hyn a elwid yn fargen. Roedd y gwaith yn fudr a pheryglus ac wrth weithio yr oedd gan y chwarelwyr eu harfau, morthwylion, cynion, canhwyllau, powdwr gwn, lletem, ceibiau a rhawiau. Gyda'r arfau hyn yr oeddent yn cylfawni eu gwaith. Ond yr hyn sy'n syndod erbyn hyn yw fod chwarelwyr yn gorfod darparu eu harfau eu hunain a thalu amdanynt o'u cyflogau prin. Nid oedd y meistri gwaith yn darparu dim ar eu cyfer. Nid felly yng ngwaith y Deyrnas, yn hwnnw y mae'r meistr yn rhoi arfau i ni yn rhad ac am ddim fel y gallwn gyflawni'r gwaith yn effeithiol.

Testun Trafod

1. Ai diddordebau di-niwed yw dweud ffortiwn, darllen am ddylanwad y sêr a chynnal "seance' i gysylltu â'r meirw?

2. Beth yw dylanwad pwerau'r tywyllwch ar ein byd?

Gwers 38 PAWB AG ARFAU GLÂN (Effesiaid 4:14, 15)

Yr oedd Goleiath yn gawr o ddyn 9'10", ac wedi ei arfogi'n llawn yn pwyso o leiaf 30 stôn. Ac yn ddigon naturiol nid oedd neb o blith byddin yr Iddewon yn barod i'w ymladd, neb ond Dafydd hynny yw. Dywedodd Saul wrtho ei fod yn rhy amrhofiadol i ymladd ond gan ei fod yn mynnu caniataodd iddo gan roi benthyg ei arfau iddo. Dywedir fel hyn "*Rhoddodd Saul ei wisg ei hun am Dafydd: rhoi helm bres ar ei ben, ei wisgo yn ei lurig, a gwregysu Dafydd â'i gleddyf dros ei wisg. Ond methodd gerdded, am nad oedd wedi arfer â hwy.*" (1 Sam.17:38) Y creadur bach, roedd arfau Saul yn rhy drwm. Diosgodd Dafydd yr arfau a chymryd ei ffon dafl a 5 carreg lefn, a chyda hwy lladdodd gawr y Philistiaid. Rhoddodd Dafydd arfau confensiynol ei oes o'r neilltu gan ddefnyddio arfau oedd yn addas i ymladd y gelyn arbennig hwn. Arfau pwrpasol i'r gwaith. Nid gyda cyllell a fforc y mae trin yr ardd, nid gyda chaib a rhaw y mae bwyta bwyd wrth y bwrdd. Maent fel arfau wedi eu creu ar gyfer gwaith neilltuol. Felly y mae Duw yn rhoi arfau pwrpasol ac addas yn ein dwylo i frwydro a threchu'r gelyn.

MILWR

Yma cyffelybir y Cristion i'r milwr Rhufeinig sy'n ymbaratoi i fynd i faes y gad ac fe restrir yr arfau a baratowyd gan Dduw ar ei gyfer. Yr oedd y disgrifiad hwn yn gyfoes a pherthnasol i'r darllenwyr ac yn gyforiog o ystyron. Cofiwn bod Paul wrth ysgrifennu'r geiriau hyn yn garcharor yn Rhufain a'i fod yn gweld milwyr Rhufeinig yn ddyddiol. Pob yn un ac un disgwylir i'r Cristion wisgo'r arfau fel ei fod wedi ei arfogi'n gyflawn gyda'r saith arf.

GWREGYS

Roedd y gwregys yn bwysig i'r milwr oherwydd ei fod yn cadw'r toga yn ei le, ac wrth y gwregys y crogid y cleddyf ac y cysylltid y ddwyfronneg. Yma cyffelybir y gwregys i wirionedd. Mae'r gwirionedd Cristnogol yn ddeublyg. Yn gyntaf, ceir y gwirionedd fel y datguddiwyd ef gan Dduw yn Nghrist. Y gwirionedd am gariad, gras a thrugaredd Duw; am faddeuant pechodau ac iachawdwriaeth; am obaith i ddynolryw ac am fuddugoliaeth derfynol daioni tros ddrygioni. Yn ail, fe olyga wirionedd mewnol ym mywyd y Cristion, e.e., onestrwydd, didwylledd, geirwiredd (Gw. Col 3:12) Mae'r gwirionedd yn arf oherwydd ei fod yn herio pobl. Mae'n herio anffyddiaeth yr oes bresennol yn ogystal a thwyll a chelwydd o fewn ein cymdeithas. Dywedodd Iesu un tro, *"Cewch wybod y gwirionedd a bydd y gwirionedd yn eich rhyddhau,"* gan awgrymu bod diffyg gwirionedd yn caethiwo.

DWYFRONNEG.

Gwaith y ddwyfronneg oedd amddiffyn corff y milwr o'i wddf hyd at ei glun - a hynny'n cynnwys y galon - rhag saethau, cleddyfau a phicelli. Cyffelybir y ddwyfronneg i gyfiawnder. Mewn gwirionedd nid oes gan y Cristion unrhyw gyfiawnder ynddo ef ei hyn, oherwydd, *"Nid oes neb cyfiawn, nid oes un, neb sydd yn deall, neb yn ceisio Duw. Y mae pawb wedi gwyro, yn ddi-fudd ynghyd; nid oes un a wna ddaioni, nac oes, dim un."* (Rhuf. 3:10-12) Rhodd Duw yw cyfiawnder, fel yr esbonia Paul pan y dywed, *"Ni wybu Crist beth oedd pechu, ond gwnaeth Duw ef yn un â phechod drosom ni, er mwyn i ni fod, ynddo ef, yn un â chyfiawnder Duw."* (2 Cor. 5:21) Duw sy'n rhoi inni gyfiawnder. (Gw. Phil. 3:9) Ond mae'r cyfiawnder Cristnogol hefyd yn cynnwys bywyd y Cristion, ei feddwl a'i ymarweddiad. Gelwir ar i bawb ohonom fyw bywydau cyfiawn a glân, gan ymdrechu i ymddwyn yn bur a chariadlon wrth ymladd yn erbyn pob anghyfiawnder. Heb wirionedd a chyfiawnder, nid oes gennym amddiffyn yn erbyn drygioni.

ESGIDIAU.

Nid esgidiau dal adar oedd rhain, ond esgidiau hoelion mawr a alluogai'r milwr i sefyll yn gadarn heb lithro ac i gerdded milltiroedd dros dir garw yn ddidramgwydd. Y mae dau esboniad posibl o'r adnod hon (15). Yn gyntaf, gall gyfeirio at y ffaith y dylem fel Cristnogion fod yn barod yn feunyddiol i dystio i'r Arglwydd trwy gyhoeddi Efengyl tangnefedd. Trwy y gwaith hwnnw dylem alw ar eraill i gredu yn Iesu fel Gwaredwr. Yr unig ffordd effeithiol i drechu'r drygioni sy'n amlygu ei hun yn ein cymunedau yw trwy gyhoeddi Iesu Grist yn Arglwydd. (Gw. Rhuf. 10:15; 2 Cor. 5:19) Yr ail esboniad posibl yw fod y tangnefedd a ddaw i'n rhan trwy yr Efengyl yn ein galluogi i sefyll yn ddiysgog ac heb ofn yn y frwydr. Cyflwnir inni ddwy wedd ar dangnefedd yn y Beibl, sef tangnefedd gyda Duw a thangnefedd gan Dduw. Meddwn ar dangnefedd gyda Duw oherwydd y gwyddom fod ein holl bechodau wedi eu maddau trwy farwolaeth Crist trosom a'n bod wedi ein cymodi â Duw. (Gw. Eff.2:15; Rhuf. 5:1) Meddwn hefyd ar dangnefedd gan Dduw, oherwydd dywedodd Iesu, *"Yr wyf yn gadael i chwi dangnefedd, yr wyf yn rhoi i chwi fy nhangnefedd i fy hun."* (Ioan 14: 27) O ganlyniad y mae Efengyl tangnefedd yn rhwymo ein traed fel y gallwn ddal ein tir yn erbyn ymosodiadau'r gelyn. Deuoliaeth ryfeddol yw bod tangnefedd yn arf i'r Cristion.

Testun Trafod

1. Y mha ffyrdd ymarferol y mae'r ffydd Gristnogol yn hybu tangnefedd?

2. Nodwch ym mha faesydd y mae "gwirionedd" yn herio pobl?

3. Sut y gallwn fel Cristnogion fod yn ymosodol yn ein cariad a'n tystiolaeth?

Gwers 39 RHAGOR O ARFAU (Effesiaid 6:16 - 17)

TARIAN.

Llwyddodd byddinoedd yr Ymerodraeth Rufeinig i berffeithio'r grefft o ddefnyddio tariannau mewn brwydrau. Hyfforddid y milwyr yn fanwl yn y ddawn o drin tarian yn amddiffynnol ac yn ymosodol. Un o'u dulliau oedd creu crwban o dariannau oedd yn eu cysgodi rhag y cawodydd saethau tra ar yr un pryd yn eu galluogi i symud ymlaen tuag at y gelyn. Roedd y darian y cyfeirir ati yma - Groeg, *thureos, thuro* = drws - yn 4' o hyd a 2' o led ac wedi ei gwneuthur o ddwy haenen o bren a orchuddid gan ledr trwchus. Unwaith eto gwaith hon oedd amddiffyn y milwr rhag saethau, cleddyfau a gwaywffyn. Ambell dro byddai milwr anafiedig yn cael ei gario oddi ar faes y gad ar y darian a phe byddai'n marw gosodid y darian gyda'i gorff yn y bedd. Cyffelybir y darian i ffydd. Mae ffydd yn Nuw trwy Iesu yn cynnwys holl drysorau gras ac o'i iawn arfer mae'n ein hamddiffyn rhag pob perygl a ddaw i'n heneidiau a phob profedigaeth tymhorol a ddaw i'n rhan. Ffydd sydd yn ein cario pan ymdebyga fywyd i faes y gad. Pan wynebwn farwolaeth a'r bedd a phan 'roddwn weddillion teulu a chyfeillion i orffwys yn y ddaer yno y mae ffydd yn Iesu yn ein cynnal.

Ond yma fe gyfeiria Paul at beryglon neilltuol, sef *"holl saethau tanllyd yr un drwg"*. Mae'r diafol yn saethu ei saethau'n ddi-drugaredd at bobl Dduw, gan geisio eu harcholli a'u harwain ar gyfeiliorn. Mae'r saethau hyn yn cynnwys gorthrymder, erledigaeth, profedigaethau yn ogystal â themtasiynau. Cais Satan danio ein chwantau, chwyddo ein balchder, amlhau ein amheuon, a dwysáu ein casineb er mwyn ein pellhau oddi wrth Dduw. Ond y mae ffydd fel tarian sy'n ein hamddiffyn rhag yr ergydion hyn.

HELM.

"Derbyniwch iachawdwriaeth yn helm", nid ceisiwch, nid cymerwch ond derbyniwch. Paratowyd a rhoddwyd yr iachawdwriaeth gan Dduw a'r cwbl y gallwn ni ei wneud yw ei

derbyn yn ddiolchgar. Ambell dro ar derfyn gwasanaeth bydd trysorydd eglwys yn gofyn i bregethwr. "A wnewch chi dderbyn hwn fel arwydd o'n gwerthfawrogiad? gan roddi cydnabyddiaeth yn ei law. Yr hyn a ddywed Duw yw, "A wnewch chi dderbyn hon - sef iachawdwriaeth - fel arwydd o'm cariad?" Amddiffynnai yr helm ben y milwr gan ei wneud yn hyderus ac eofn. Dyma'r union ddylanwad y dylai'r iachawdwiaeth fawr ei chael arnom ni fel Cristnogion. Nid oes gennym ddim i'w ofni, mae'r iachawdwriaeth ar gael i bawb sy'n credu yn yr Arglwydd Iesu ac sy'n edifarhau am eu pechodau. Weithiau ar faes y frwydr yr unig beth sy'n ein cadw i fynd yw'r ymwybyddiaeth fod gennym iachawdwriaeth ac na all neb na dim ei dwyn oddi arnom.

CLEDDYF.

Fel y gellid disgwyl roedd gan y Rhufeiniaid amrywiaeth o gleddyfau ar gyfer amrywiol orchwylion. Yr oeddent hwy, o bawb, wedi meistroli'r grefft o ryfela a lladd a'r cleddyf wedi ei berffeithio i'r perwyl hwn. Nodweddion y cleddyf y cyfeirir ato yma oedd ei fod yn fyr, yn ddaufiniog - er mwyn treiddio trwy gnawd yn rhwydd - ac yn hylaw ei drin wrth amddiffyn ac ymosod. Cleddyf y Cristion yw gair Duw. Yn ein sefyllfa bresennol fel eglwysi yng Nhgymru y mae'n hanfodol cofio hyn, oherwydd y mae tuedd ynom i ddibrisio'r gair gan anghofio ei awdurdod, ei rym a'r ffaith ei fod yn air dwyfol ysbrydoledig (Gw. 2 Tim. 3:16) Nid geiriau cyffredin mo'r Beibl fel cyfrolau eraill a ysgrifennwyd ond geiriau unigryw sydd â'r gallu i drywanu pechaduriaid a gweddnewid bywydau unigolion a chymdeithas. Trwy'r Beibl y mae Duw yn siarad yn benodol gyda ni. Y Beibl yw gair Duw ac ynddo y mae Duw yn datguddio ei gariad yn Iesu, ei feddwl a'i ewyllys i'w bobl. Dywedir amdano, *"Y mae gair Duw yn fyw a grymus, y mae'n llymach na'r un cleddyf daufiniog, ac yn treiddio hyd wahaniad yr enaid a'r ysbyrd y cymalau a'r mêr."* Dyma'r gair sydd â'r gallu i lorio pobl yn eu balchder a'u rhwysg gan eu plygu i fod yn bobl i Dduw, a dyma'r gair sydd yn gleddyf yn nwylo milwIesu, ac na foed i ni byth anghofio ei rym. Ni ellir mewn gwirionedd gor bwysleisio pwysigrwydd y Beibl i'r eglwys a'r Cristion unigol. Y mae'n rheidrwydd inni er iechyd ysbrydol i fyfyrio ar ei gynnwys ac i gyhoeddi'r hyn a welwn ynddo yn glir.

GWEDDI.

Wrth dynnu tua'r terfyn fe gyfeiria Paul at un arf hollbwysig yn arfogaeth pobl Dduw, sef gweddi. Y mae gweddi yn allweddol i'r cwbl ac yn anhepgorol yn nydd y frwydr, a'r alwad yw ar inni *"ymroi i weddi ac ymbil"*. Unwaith eto ceir cymhelliad yma i weddïo tros y saint a thros Paul ei hun wrth iddo gyhoeddi'n eofn ddirgelwch yr Efengyl.

Y mae Duw wedi paratoi arfau pwrpasol ar gyfer y gwaith sydd angen ei wneud yma yng Nghymru. Ein dyletswydd ni yw gwisgo'r arfau hyn yn hyderus gan fynd ati i drechu gelynion Duw a llwyddo yn y gwaith. Mae'r dystiolaeth Gristnogol wedi bod o dan warchae ers blynyddoedd yng Nghymru ac mae'r dydd wedi dod pryd y mae'n rhaid i ni ymladd yn ffyrnig a di-ildio. Mae'r her yn amlwg yn yr adran hon o'r Ysgrythur sef ein bod i ymarfogi gan fod yn ymosodol yn ein cariad a'n tystiolaeth fel Cristnogion. Maes y frwydr yw'r byd a'n cymdeithas ac yn arbennig Cymru ein gwlad. Gwisgwn felly y gwregys, y ddwyfronneg, yr esgidiau, y darian, yr helm a'r cleddyf ac awn i'r gad yn weddïgar.

Testun Trafod.

1. Beth yw prif nodweddion iachawdwriaeth?

2. Ym mha ffordd y mae'r Beibl yn air Duw?

3. Sut y byddwch chi yn disgyblu eich hun i ddarllen y Beibl yn gyson?

LLYFRYDDIAETH.

Barclay, William, *Gospel of Mathew*, Volume 1, (*The Saint Andrew Press*, 1960).
Charles, Thomas, *Geiriadur Ysgrythurol*, (Bala, 1862).
Foulkes, Francis, *Ephesians*, (*The Tyndale Press*, 1971).
Harries, Edward, *Hanes Israel*, (Y Gymanfa Gyffredinol, 1954).
Hendriksen, William, *New Testament Commentary Ephesians*, (*Banner of Truth*, 1972).
Hendriksen, William, *New Testament Commentary Mathew*, (*Banner of Truth*, 1982).
Henry, Mathew, *Mathew Henry's Commentary,* (Marshall, Morgan and Scott, 1960).
Hughes, James,*Yr Hen Destament gyda Chyfeiriadau Ysgrythyrol ac Esboniad*, Cyfrol 1, (Treffynnon, 1870).
Hughes, R. Kent, *Ephesians*, (Good New Publishers, 1990).
Loader, Maurice, *Efengyl Mathew*, (Llyfra'r M.C., 1979)
Lloyd-Jones, D. Martyn, *Studies in the Sermon on the Mount*, (IVP, 1984).
Probert, L., *Esboniad Elfenol ac Eglurhaol ar y Epistol at yr Ephesiaid*, (Wrecsam 1882).
Stott, John R.W., *The Message of Ephesians*, (IVP, 1979).